Inhalt

Aktionen

3–5 Jahre

5–7 Jahre

ab 8 Jahre

Botschaften und Signale

Botschaften und Signale gehören zum weiten Feld der Kommunikation. Sie sind ein Grundbedürfnis aller Lebewesen, nicht nur der Menschen. Durch die Sprache ist es dem Menschen aber gelungen, sich hier besonders erfolgreich und differenziert mitteilen zu können. Wir sprechen und hören, lesen und schreiben, erklären und begreifen. Wir erkennen, was Bilder sagen wollen, was Symbole bedeuten, wie Farben wirken und wie wir Gefühle ausdrücken können. Wir wissen ungefähr, wie das Ohr funktioniert oder das Telefon, und wir wissen, dass Tiere Informationen auch mit anderen Sinnen wahrnehmen. Wir verstehen das Fernsehprogramm und hören Gedichte oder Geschichten.

Dies alles sind teilweise sehr komplexe Vorgänge und hoch entwickelte Fähigkeiten, die von Kindern natürlich nur altersentsprechend erwartet und verlangt werden können. Aber wir können die Kinder auf dem Weg zu einem vertieften Verständnis unterstützen und ihre Fähigkeiten anregen und fördern. Dazu sollen die folgenden Projektbausteine dienen. Natürlich können die technischen und naturwissenschaftlichen Zusammenhänge und Details wie auch die psychologischen und soziologischen Grundlagen den Kindern nur begrenzt vermittelt werden. Deshalb haben wir den Versuch unternommen, das Thema altersgemäß aufzubereiten mit dem Ziel, kognitive, emotionale und intuitive Zugänge zu eröffnen.

Kommunikation und Verständigung

Kommunikation wird als ganzheitlicher Prozess betrachtet, losgelöst von der Vorstellung, dass dieser ausschließlich über Sprache funktioniert. Vielmehr durchzieht Kommunikation alle Lebensbereiche und äußert sich z.B. genauso in kreativen und bewegungsorientierten Aktionen. Zur Kommunikation gehört auch das Bild- und Symbolverstehen, das in unserer visuell geprägten Gesellschaft eine zunehmend wichtige Fähigkeit ist. Eine zentrale Rolle im Rahmen einer erfolgreichen Kommunikation spielt die Medienkompetenz: Die Nutzung aller Medien (Zeitung, Bücher, Radio, TV, Film, Computer und Internet) setzt spezifische Kenntnisse und Fähigkeiten bei der Verarbeitung von Schrift, Sprache und Bildern voraus und ist in unserer Gesellschaft eine wesentliche Kulturtechnik geworden, die nicht zuletzt der Verständigung dient.

Verständigung

»Verständigung« ist ein Wort, das einen guten Beiklang hat. Der Begriff Verständigung hat mehrere Seiten:
Zunächst bezieht er sich auf die körperliche Fähigkeiten (wir können mit unseren Ohren hören und

Botschaften

Statt des Begriffes »Botschaft« werden häufig auch die Wörter »Nachricht«, »Information« oder »Mitteilung« verwendet. Alle Begriffe beziehen sich auf einen Inhalt, der an einen bestimmten Empfänger übermittelt werden soll. Botschaften können sehr unterschiedlich verpackt sein: In der zwischenmenschlichen Kommunikation enthalten nicht nur gesprochene oder geschriebene Worte Botschaften. Sie können auch »zwischen den Zeilen« mitgesendet werden oder durch bestimmte Gesten oder mimische Signale erst ihren Sinn erhalten. Nicht zuletzt spielt auch der situative Zusammenhang eine wichtige Rolle dafür, ob die Botschaft beim Empfänger ankommt.
Der Kommunikationsfachmann Schulz von Thun hat auf die vier Seiten, die Botschaften und Nachrichten enthalten, hingewiesen. Er unterscheidet den Sachinhalt (Worüber informiere ich? Wie verstehe ich den Inhalt?), den Beziehungsinhalt (Wie sehe ich mein Gegenüber und unsere Beziehung? Wie redet mein Gegenüber mit mir und wie sieht er mich?), die Ich-Botschaft (Was sage ich von mir? Wie präsentiert sich der Sprecher?) und den Appell (Wozu will ich mein Gegenüber veranlassen? Was soll ich tun?). Für den erfolgreichen Austausch von Botschaften brauchen wir differenzierte Wahrnehmungsmöglichkeiten. Diese sollten möglichst frühzeitig erlernt werden.

Signale

Ein Signal (lat. ein Zeichen geben) ist ein v.a. optisches oder akustisches Zeichen mit einer bestimmten Bedeutung (Berührungs-, Geruchs- und Geschmackssignale scheinen in modernen Gesellschaften keine so große Rolle zu spielen, steuern unser Verhalten aber oft stärker als wir dies bewusst wahrnehmen, siehe unten: »Nicht sprachliche Aspekte der Verständigung«).

Signale sind uns u.a. aus dem Verkehrswesen, aus Gefahrensituationen, der Computer-, Radio oder Elektrotechnik, aber auch aus der Verhaltensforschung bekannt, beziehen sich also auf sehr vielfältige Kommunikationsprozesse.

Es geht darum, eine Botschaft so zu übermitteln, dass sie beim Empfänger ankommt. Auch ohne dass ein Signal eine im vorhinein bekannte Bedeutung enthält, kann es Informationen tragen. Die Entschlüsselung bzw. die Fähigkeit, Signale richtig zu deuten und zu verstehen, ist entscheidend für das Gelingen von Kommunikation. Diese Fähigkeiten können trainiert und geübt werden

durch den Mund sprechen, wir können lesen und schreiben, wir können den Inhalt von Bildern erfassen).

Dann umfasst er die technischen Hilfsmittel (Telefon, Computer, Fernsehen usw.), die unseren Verständigungsradius erweitern.

Schließlich bezeichnet »Verständigung« auch den (guten) Willen zum Zuhören und miteinander Reden (wir wollen uns verständigen, wir wollen, das unser Gegenüber uns versteht und wir wollen unser Gegenüber verstehen).

Verständlichkeit

Eng mit dem Begriff »Verständigung« zusammen hängt der Begriff »Verständlichkeit«. Er bezieht sich dabei vor allem auf die sprachliche Seite der Verständigung und ist von folgenden Bedingungen abhängig: kurze Sätze, verständliche Ausdrücke, übersichtliche Gliederung der Mitteilung, Veranschaulichung abstrakter Zusammenhänge, keine Überforderung oder Unterforderung der Empfänger der Mitteilung. Darüber hinaus setzt Verständlichkeit ein ausreichendes Maß an Sozial- und Weltwissen beim Empfänger voraus sowie einen Bezugsrahmen, der den einzelnen Teilen der Information Sinn und Zusammenhalt verleiht.

Interkulturelle Verständigung

In einer globalisierten Medienwelt und einer multikulturell geprägten Alltagswelt der Kinder ist Verstehen und Verständigung nicht selbstverständlich. Wir bzw. die Kinder brauchen Werkzeuge, mit denen wir einen Austausch über Bedeutungsinhalte – auch über kulturelle Grenzen hinweg – erreichen können. Diese Fähigkeit kann dann zur Basis für die friedliche Verständigung über die gemeinsamen Werte sowie für das Begreifen und Akzeptieren der bestehenden Unterschiede sein.

Nicht sprachliche Aspekte der Verständigung

Das menschliche Berührungs- und Raumverhalten ist in seiner kommunikativen Dimension zunehmend untersucht worden. Hier gibt es offensichtlich kulturell bedingt so erhebliche Unterschiede, dass manche Forscher eine Unterteilung in »Kontakt-« und »Nicht-Kontakt-Gesellschaften« vorschlagen: So würden Menschen aus der arabischen Welt und aus Lateinamerika Körperkontakt eher suchen, während Menschen aus Nordeuropa und Indien diesen eher vermeiden würden.

Untersucht wurde in diesem Zusammenhang auch der Abstand und die Körperhaltung, die Menschen verschiedener Kulturkreise bei sozialen Begegnungen einnehmen: Bestimmt wurde dabei der Punkt, bei dem Menschen das Gefühl bekamen, andere würden ihnen zu nahe treten. Auch hier unterschieden sich die eben bereits genannten Kulturkreise besonders stark. Natürlich spielt die Art der sozialen Vertrautheit mit einer anderen Person – unabhängig vom Kulturkreis – eine wesentliche Rolle für das Raumverhalten. Ein Forscher unterscheidet hier zwischen der Intimzone (bis zu 0,5 Meter), der persönlichen Zone (0,5 bis 1,5 Meter), der sozialen Zone (1,5 bis 3,5 Meter) und der öffentlichen Zone (Hörbarkeit der Stimme).

Weitere zentrale Aspekte der nicht-sprachlichen Verständigung sind Signale wie Gesichtsausdruck, Blickkontakt, Gestik und Körperhaltung, die jeweils eine Vielzahl von Funktionen haben. Gestik und Mimik eines Menschen geben Hinweise auf seine Persönlichkeit und seinen aktuellen Gefühlszustand. Außerdem übermitteln Gesicht und Körper Signale über den Verlauf einer sozialen Interaktion. Dabei sind bestimmte soziale Situationen und zeremonielle Anlässe fest mit charakteristischen Gesichts- bzw. Körpersignalen verbunden (z.B. Begrüßungs- und Abschiedsverhalten, Verhalten bei religiösen Zeremonien).

Kommunikations- und Zeichensysteme

Am besten können wir uns verständigen, wenn wir ein allen bekanntes System von Zeichen, Signalen, Botschaften, Symbolen und Wörtern benutzen. Ein solches System müssen wir ab dem ersten Lebenstag erlernen und wenden es täglich an. Je geschickter wir mit solchen Kommunikations- und Zeichensystemen umgehen, desto erfolgreicher können wir uns in unserem eigenen Interesse und dem unserer Freunde, Familien und Gruppen verständlich machen und damit in unserem Sinne unsere Umwelt gestalten. Darüber hinaus müssen wir auch andere Kommunikationssysteme erlernen, um über Grenzen hinweg Verständigung zu erzielen.

Interessant ist hier auch der Unterschied zwischen verschiedenen Kulturen: So werden in manchen Gesellschaften häufig gestische und mimische Signale gesendet (Italien), während dies in anderen eher selten ist (Japan).
Hinzu kommt, dass ein bestimmtes Signal in verschiedenen Gesellschaften ganz unterschiedlich aufgefasst werden kann, obwohl es zunächst identisch erscheint: Wenn in Frankreich beim Sprechen jemand das Augenlid herabzieht, macht er damit deutlich, dass er sich über etwas im Klaren ist. In Italien bedeutet die gleiche Geste, dass ein Zuhörer eine Sache erst begreifen muss.

Zur Arbeit mit dieser PeP-Mappe

Für unsere Gesellschaft gehört das Aussenden und das Verstehen von Botschaften und Signalen zu den grundlegenden Kulturtechniken. Sprechen und Zuhören, Schreiben und Lesen, in stark zunehmendem Maß eine umfassende Medienkompetenz sind wesentliche Fähigkeiten, die wir alle für den Alltag brauchen.
Daher wird in dieser Mappe die besondere Rolle der Schrift für die Weiterentwicklung von Gesellschaft, Menschheit und Technologie in vielen Kulturen der Welt besonders gewürdigt. Ebenso wird der Bedeutung der Bildsprachen in dieser PeP-Mappe an vielen Stellen Rechnung getragen. Schließlich versuchen wir auch einen ersten Einblick in die Welt der modernen Kommunikationstechnologien und der neuen Medien zu geben.

Die Rolle der Erzieherin

Die Erzieherin spielt für den Prozess der Bildung von Kommunikationskompetenz und Erziehung zur Sprach- und Kommunikationsfähigkeit eine ganz entscheidende Rolle. Zum ersten ergibt sich mit dem Thema »Verständigung« natürlich eine Brücke zur Lebenswelt der Kinder und ihren Erfahrungen sowie den vom Elternhaus unterstützten oder unterdrückten Potenzialen. In diesem Zusammenhang kommt Erzieherinnen die gleichermaßen wichtige wie oft schwierige Aufgabe zu, für Kinder aus »kommunikationsunfähigeren« Elternhäusern ausgleichend zu wirken. Zum zweiten benötigen Kinder, die mehrsprachig sind, Bildungsangebote und -projekte im Bereich der sprachlichen Bildung. Hier werden Grundlagen für das Denken, das Verstehen und die Lernfähigkeit sowie für die soziale Interaktion und Integration gelegt. Nicht zuletzt ist das Thema »Botschaften und Signale – Verständigung« auch für leistungsstarke Kinder reizvoll und die Auseinandersetzung mit der Erzieherin und anderen Kindern wichtig, da die Vielzahl unterschiedlicher Kommunikationsformen mit den verschiedenen Bezugspersonen neue Horizonte entdecken lässt.

Für alle Kinder ist Sprache und Sprachfähigkeit die Basis von Dialogfähigkeit und damit auch die notwendigen Voraussetzungen für Konfliktfähigkeit. Daneben eröffnet die Möglichkeit, sich über Emotionen zu verständigen, eine wesentliche Basis für die emotionale Intelligenz. So fordert John

Gottmann in seinem Buch »Kinder brauchen emotionale Intelligenz« in einem ganzen Kapitel »Helfen Sie dem Kind, seine Gefühle in Worte zu fassen«.
Ich-Identität entsteht über Kommunikation mit anderen. Sie ist der Ausgangspunkt für die Entwicklung des Individuums zu einer in sich ruhenden und in die Gesellschaft eingebundenen Persönlichkeit.

Dokumentation des Projekts

Noch ein Vorschlag: Dokumentieren Sie Ihr Projekt! Sammeln Sie alle Bilder, die während des Projektes entstehen, in einer Mappe (einem Ordner) oder fotografieren Sie die aufgehängten Bilder und die Bastelergebnisse; fotografieren Sie die Kinder beim Malen, Basteln, Hören, Ausprobieren, Bewegen; schreiben Sie die Kommentare der Kinder zu den einzelnen Bausteinen auf und sammeln Sie diese auch in der Mappe. So haben Sie und die Kinder am Ende des Projekts einen schönen Überblick über die Ergebnisse und die Schritte dorthin. Sie können die Mappe auch den Eltern zeigen und Sie können Erfahrungen austauschen mit denen, die ebenfalls diese Projektmappe benutzen.

Eine entdeckungs- und ereignisreiche Zeit mit diesem Projekt wünschen Ihnen

Jutta Eichhorn
Sabine Drasnin

Projektidee zum Thema

Sehen, Riechen, Hören
– Wir erforschen unser Auge
– Den kann ich nicht riechen
– Riechen und Schmecken
– Das Ohr kann mehr als hören

Vom Bild zum Buchstaben
– Die Schriftzeichen der Phönizier
– Mit phönizischen Schriftzeichen schreiben
– Vom griechischen zum lateinischen Alphabet
– Schreiben mit griechischen Buchstaben

Sich zurechtfinden im Alltag
– Einfach Botschaften
– Alltägliche Piktogramme
– Ungewöhnliche Piktogramme sammeln
– Piktogramme selber zeichnen
– Einen Kinderstadtplan selbst gestalten

Das World Wide Web
– WWW zum Anfassen
– Wie komme ich auf eine Seite?
– Vorsicht im Internet
– Benimmregeln im Internet
– Suchmaschinenkurs
– Internetrallye

Sehen, Riechen, Hören

Alle Sinne sind für die Verständigung wichtig – dazu gehören das Sehen, das Riechen, das Hören, das Schmecken und das Fühlen. Fragen Sie die Kinder, was sie mit ihren Augen, ihrer Nase, ihren Ohren machen. Vielleicht wissen einige schon, was die Zunge und die Haut können.

Das Auge

Mit den Augen sehen wir – klar. Die Augen sind so wichtig, weil wir damit sehen, was um uns herum los ist. Wir sehen die Autos auf der Straße, den Stein vor unserem Fuß, den Stift in unserer Hand oder das Essen auf unserem Teller. Wir sehen auch, wie sich jemand bewegt und uns anschaut – freundlich, lachend, stirnrunzelnd, nachdenklich, wütend, böse, traurig oder fröhlich. So verstehen wir uns auch ohne Worte.

Ich sehe was …

Zeichnen Sie auf mehrere Bögen Papier einfache Gesichter, die lachen, weinen oder wütend dreinschauen. Die Kinder sollen nun sagen, was jedes einzelne Gesicht ausdrückt. Sagt es: »Das war toll«, »Komm, spiel mit mir« oder »Das war keine gute Idee«.

Variation: Die Kinder erfinden ganz kurze Geschichten und erzählen, warum die Gesichter so aussehen.

Farben und Formen sehen

Besprechen Sie mit den Kindern, was sie alles sehen. Es gibt Farben und Formen, Helligkeit und Dunkelheit, Bewegung und Stillstand. Kennen die Kinder schon die Formen und können sie diese benennen? Zeigen Sie ihnen ein Bild mit einem Haus. Sicher erkennen die Kinder, dass das Dach eine andere Form hat als der Hausteil unter dem Dach, dass die Fenster verschiedene Farben, aber die gleiche Größe haben. Und was ist mit der Tür? Weisen Sie die Kinder auf die Formunterschiede hin.

Wir erforschen unser Auge

Am Auge ist mehr dran als »nur« der Teil, mit dem wir sehen. Was fällt den Kindern dazu ein? Die Stichworte sind Wimpern, Augenlider und Augenbrauen, aber auch die Tränen:

- Die **Wimpern** schützen das Auge vor Staub, sie sind wie eine Art Fangnetz.
- Auch die **Augenlider** schützen unser Auge vor Berührung. Aber sie können noch mehr: Sie verschließen die Augen, wenn wir schlafen, und befeuchten sie ähnlich wie die Scheibenwaschanlage beim Auto: Wasser auf die Scheibe, der Scheibenwischer verteilt es und reinigt die Scheibe. So machen es auch die Augenlider, statt Wasser nehmen sie Tränenflüssigkeit.
- Wenn wir schwitzen, haben wir oft Schweiß auf der Stirn. Damit der uns nicht in die Augen läuft, haben wir die **Augenbrauen**. Sie halten den Schweiß ab.
- Und die **Tränen**? Sie laufen aus den Augenwinkeln. Jeden Tag verteilen die Augenlider einen Fingerhut voll Tränenflüssigkeit auf den Augen. Das sind natürlich nur Tröpfchen. Wenn die Kinder richtig weinen, laufen ihnen die Tränen aus den Augen und die Wangen hinunter.

Pupille und Iris

Fragen Sie die Kinder, ob sie ihre eigene Augenfarbe kennen. Falls nicht, zeigen Sie ihnen an einem großen Bild, was die Iris ist und welche Farben sie haben kann! Durch das Schwarze, die Pupille, sehen wir. Je heller es wird, desto kleiner wird die Pupille und desto weiter die Iris. Das ist so, damit die Augen nicht zu viel Licht abbekommen, wir aber im Dunkeln noch sehen können. Die Kinder erinnern sich vielleicht daran, dass sie mal versucht haben, in helles Licht zu schauen, und dabei stark blinzeln mussten.

Die Nase

Die Nase ist mitten im Gesicht, die sieht jeder. Und die hat jeder! Und durch die Nase atmen wir – es sei denn, wir sind erkältet, dann wird das schwierig. Was kann die Nase noch? Riechen, na klar!

Den kann ich nicht riechen!

Fragen Sie die Kinder, wie sich Menschen »normalerweise« verständigen. Notieren Sie ihre Antworten. Ist auch das Riechen dabei? Falls nicht, ergänzen Sie die Liste um diesen Begriff und fragen Sie die Kinder, was sie sich darunter vorstellen können. Kennen sie die Redewendung »Den kann ich nicht riechen«?

Körpergeruch und Sympathie

Jeder Mensch besitzt einen unverwechselbaren Duft, der präziser ist als jeder Fingerabdruck. Unsere Nase und unser Geruchssinn spielen eine zentrale Rolle bei der Partnerwahl – und wir merken es nicht mal, denn wir nehmen Körpergerüche meist nur unbewusst wahr. Nicht jeder Körpergeruch ist uns angenehm. Andere dagegen empfinden wir als unwiderstehlich. Um möglichst angenehm zu riechen, parfümieren sich viele Menschen und beeinflussen oder verändern so ihren Körpergeruch.
Während unsere Augen etwa drei Minuten brauchen, um zu entscheiden, ob wir jemanden sympathisch finden oder nicht, genügen unserer Nase wenige Bruchteile von Sekunden.

Die Nase sorgt für reine Luft

In der Nase sind feine Härchen. Manchmal sind diese auch nicht so fein. Haben die Kinder schon mal in die Nasen ihrer Väter oder Opas geschaut? Da gucken manchmal Haare raus! Jedenfalls haben alle Menschen feine Härchen in der Nase, die für das Riechen wichtig sind. Wir brauchen diese Härchen aber auch für das freie Atmen, denn sie fangen Staubteilchen ab und befördern sie wieder nach draußen. Manchmal haben wir so viel Staub in der Nase, dass es kitzelt und wir niesen müssen. Dann wird die Luft mit ganz hoher Geschwindigkeit aus dem Mund oder der Nase herausgeschleudert. Kennen die Kinder solche Situationen?

Schnupperspiel

Bereiten Sie mit den Kindern aus kleinen leeren Marmeladengläsern ein Riechspiel vor. Füllen Sie zum Beispiel ein Glas mit Gewürznelken, das nächste mit Vanillezucker und ein weiteres mit Schokolade. Nun sollen die Kinder mit geschlossenen (oder verbundenen) Augen erraten und benennen, in welchem Glas sie was riechen. Am Ende des Spiels dürfen sie die essbaren »Duftstoffe« verspeisen.

Variation: Schmuggeln Sie ein Glas dazwischen, das die Kinder nicht selbst befüllt haben!

Duftsprache bei Tieren

Auch Tiere verständigen sich. Aber was haben sie sich zu sagen? Was meinen die Kinder? Sicher werden sie folgende Aussagen nennen:

- Hier gibt es Futter.
- Geh weg!
- Bleib weg! Das ist mein Revier!
- Ich mag dich, bleib hier.
- Spiel mit mir.

Welche dieser Botschaften werden über Düfte weitergegeben? Bitten Sie die Kinder, Bücher über Tiere von zu Hause mitzubringen. Auch Zeitschriften mit Tierberichten sind hilfreich. Was finden die Kinder darin über die verschiedenen Arten und Mittel der Verständigung? Fertigen Sie gemeinsam ein Plakat an, auf das Sie von jedem Tier ein Bild aufkleben und mit den wesentlichen Informationen versehen. Dabei sollte klar erkennbar sein, welche Informationen zu welchem Tier gehören. Kommt bei allen Tierarten der Geruchssinn als »Informationssammler« vor?

Variation 1: Wenn die Kinder für verschiedene Botschaften mehrere Tierbilder finden – umso besser! Können sie wesentliche Gemeinsamkeiten und Unterschiede erkennen und beschreiben?

Variation 2: Besprechen Sie mit den Kindern das fertig gestellte Plakat und diskutieren Sie mit ihnen, ob Tiere ohne Verständigung überleben können.

Riechen und Schmecken gehören zusammen

Dass wir mit der Nase riechen können, haben jetzt alle ausprobiert. Aber die Nase ist auch zum Schmecken wichtig, weil sie die feineren Geschmacksunterschiede erst zur Geltung bringt. Beim Kauen werden Geruchsstoffe im Essen freigesetzt, die in die Nase steigen und so den vollen Geschmack hervorbringen. Das klingt sehr abstrakt, also machen Sie besser gleich einen Versuch mit den Kindern:

Schneiden Sie Äpfel, Birnen und Möhren in kleine Würfel und verteilen Sie diese auf mehrere Schälchen. Legen Sie außerem Wäscheklammern und Tücher zum Verbinden der Augen bereit. Jeweils zwei Kinder setzen sich an einen Tisch. Eines bekommt die Augen verbunden und vorsichtig die Wäscheklammer auf die Nase gesetzt. Es wird von seinem Partner mit je einem Würfel Apfel, Birne und Möhre gefüttert. Erkennt es durch Schmecken, was es da isst? Bevor das Kind die Klammer von der Nase nimmt, soll es die Augenbinde abnehmen und ein Stück Apfel und Möhre probieren – erkennt es den Unterschied? Dann nichts wie runter mit der Wäscheklammer – jetzt wird getauscht!

Das Ohr

Bilden Sie mit den Kindern einen Stuhlkreis. Jeder schaut sich erst die Ohren seines rechten und dann seines linken Nachbarn an. Welche Unterschiede haben die Kinder beobachtet? Erklären Sie ihnen, dass der Teil des Ohres, den sie gerade bei ihren Nachbarn angeschaut haben, das Außenohr mit der Ohrmuschel ist. Von der Ohrmuschel können sie in den Gehörgang schauen.
Vielleicht haben die Kinder schon festgestellt, dass sie Ohrenschmalz in den Ohren haben – das ist wichtig, um den Gehörgang sauber zu halten. Es sollte nicht mit Ohrstäbchen aus Watte oder anderen Mitteln wieder in den Gehörgang geschoben werden!

Wie funktioniert das Ohr?

Klar, mit dem Ohr hören wir. Und wie geht das? Was wissen die Kinder vom Ohr? Sammeln und notieren Sie die Antworten.

Sehen und Hören

Bitten Sie die Kinder, in die Hände zu klatschen und dabei auf die Gleichzeitigkeit von Sehen und Hören zu achten. Kommt der Ton durch das Hören genauso schnell im Bewusstsein an wie das Sehen der klatschenden Hände?

Aus welcher Richtung kommt das Geräusch?

Lassen Sie die Kinder in kleinen Gruppen das Hören sinnlich erleben: Ein Kind bekommt die Augen verbunden (Ohren frei lassen!). Dann stellen sich die anderen Kinder im weiten Kreis darum herum. Sie machen erst laute, dann immer leisere Geräusche – aber immer nur ein Kind auf einmal! Das Kind in der Mitte soll erraten, aus welcher Richtung das Geräusch kam. Hat es richtig geraten, darf ein anderes Kind in die Mitte.

Variation: Das Kind in der Mitte hält sich ein Ohr zu. Kann es noch erkennen, aus welcher Richtung das Geräusch kommt? Zur Richtungserkennung sind beide Ohren nötig!

Tierisch hören

Welche Form haben die Ohren von Tieren? Lassen Sie die Kinder die Ohren von verschiedenen Tieren beschreiben. Warum sehen ihre Ohren so unterschiedlich aus? Viele Tiere können ihre Ohren übrigens drehen, um herauszufinden, woher ein Geräusch kommt.

Wer hört besser?

Welches Tier hört besser als der Mensch? Vielleicht erraten die Kinder den Hund. Aber wissen sie auch, dass Gänse noch viel besser hören als Hunde? Obwohl ihre Ohren gar nicht zu sehen sind, können sie sehr gut hören und kündigen jeden Besucher mit lautem Geschnatter an. Deshalb werden noch heute vielerorts Haus und Hof von Gänsen bewacht!

Warum wird uns schwindlig?

Im Innenohr liegt die Schnecke. Über ihr befinden sich drei »Bogengänge«, die wie die Schnecke von Hörflüssigkeit (Labyrinthwasser) umgeben und von ganz feinen Härchen bedeckt sind. Diese Härchen werden von der Flüssigkeit bewegt. Der Gleichgewichtsnerv meldet dem Gehirn die Stellung der Härchen. So erfährt das Gehirn, ob wir liegen, stehen oder uns drehen. Wenn wir uns zu schnell drehen, kommen die Härchen nicht mehr so recht mit - uns wird schwindlig.
Übrigens: Die Härchen sind auch zum Hören wichtig. Ohne sie kann der Mensch nicht hören. Zu laute Geräusche und zu laute Musik machen die Härchen kaputt. Da sie nicht nachwachsen, geht die Hörfähigkeit verloren. Also Vorsicht vor zu lauter Musik!

Das Ohr kann mehr als hören

Wissen die Kinder, dass das Ohr außer hören noch andere wichtige Dinge kann? Am besten zeigen Sie es ihnen: Zwei Kinder stellen sich auf ein Bein und balancieren möglichst lange. Zwei andere Kinder drehen sich so lange um sich selbst, bis ihnen schwindlig wird und sie das Gleichgewicht verlieren. Vermeiden Sie zunächst den Begriff »Gleichgewicht«. Wenn die Kinder die Balance verloren haben, setzen sie sich in den Stuhlkreis. Wissen sie jetzt, was das Ohr außer hören noch kann? Genau, das Gleichgewicht halten – aber wie macht das Ohr das?

Das Ohr hält uns aufrecht

Auch den Gleichgewichtssinn, der zum Ohr gehört und im Innenohr sitzt, können die Kinder erfahren: Ein Kind steht auf einer sicheren Fläche – das heißt, im Umkreis von mindestens zwei Metern gibt es keine Kanten oder Möbel. Es bekommt die Augen verbunden und dreht sich mit ausgestreckten Armen, bis es das Gleichgewicht verliert. Die feinen Härchen im Innenohr und die Flüssigkeit, die dem Körper wie eine Wasserwaage die Lage des Körpers mitteilen, sind jetzt überfordert.

Variation: Wenn der Raum groß genug ist, können sich mehrere Kinder gleichzeitig schwindlig drehen!

Schwankende Härchen sehen

Wie unsere Härchen im Innenohr arbeiten, können sich die Kinder mit folgendem Experiment vorstellen: Geben Sie ein Büschel Seegras in ein Glas Wasser. Dann schwenkt ein Kind das Glas leicht hin und her. Dabei bewegen sich die Grashalme mit einer kleinen Verzögerung. Steht das Glas wieder ruhig, schwanken die Gräser noch ein wenig hin und her, ehe sie wieder zur Ruhe kommen. So wie sich das Seegras bewegt, so bewegen sich die Härchen im Ohr. Je stärker das Glas bewegt wird, desto länger dauert es, bis das Seegras wieder bewegungslos im Glas liegt.

Trommeln verstehen

Für die folgenden Aktionen brauchen Sie Hörbeispiele von verschiedenen Trommelklängen (siehe Seite 78 dieser Mappe) sowie einige Handtrommeln.

Eine Trommelsprache erfinden

Lassen Sie die Kinder die Trommeln erst mit den Händen und dann mit den Stöcken schlagen. Was gefällt ihnen besser? Auf Ihr Zeichen probieren sie auch Folgendes aus und spielen

- langsam und leise,
- langsam und laut,
- schnell und leise,
- schnell und laut,
- immer schneller,
- immer langsamer.

Nach diesen Übungen sollen die Kinder eine Trommelsprache erfinden, die nur sie verstehen. Erklären Sie ihnen, wie sich Lautstärke und Rhythmus mit Tempo variieren lassen. Nach dieser Einführung finden sich die Kinder paarweise oder in Kleinstgruppen zusammen. Geben Sie den Kindern genügend Zeit zum Üben. Die Ergebnisse sind es sicher wert, den anderen Gruppen vorgestellt zu werden!

Was sagen Trommeln?

Die Trommler mancher Völker imitieren die Sprache. Sie können die Satzmelodie und den Sprachrhythmus wiedergeben. In Nigeria gibt es sprechende Trommeln, um Nachrichten und Bekanntmachungen zu verbreiten. Die Trommel ist der Tonart der Yoruba-Sprache angepasst, um die menschliche Sprache in die Trommelsprache zu übertragen. Die Trommel wird unter dem Arm gehalten und mit einem gebogenen Stock gespielt. Drückt der Trommler mit dem Arm auf die Lederschnüre, ändert sich die Tonhöhe. Manche Menschen benutzen auch zwei Trommeln – eine mit tieferem und eine mit höherem Klang. Die Trommelsprache kann auf diese Weise gezielt und schnell Mitteilungen verbreiten. Viele Europäer, die in Südamerika oder Afrika erstmals auf Ureinwohner trafen, waren erstaunt darüber, dass sie erwartet wurden. Die Ureinwohner hatten ihr Kommen schon per Trommel angekündigt!

Sprechende Trommeln

Unsere Sprache ist nicht so einfach mit einer Trommel wiederzugeben, weil die Tonhöhe, in der wir sprechen, für die Wortbedeutung egal ist. Verdeutlichen Sie dies mit dem Satz »Heute reden wir über Trommeln und was sie alles können«. Sprechen Sie diesen Satz erst völlig tonlos, dann übertrieben betont und zum Schluss in einer hohen Tonlage mit wenig Modulation. Spielen Sie den Kindern Tonbeispiele für verschiedene Trommelspielweisen vor.

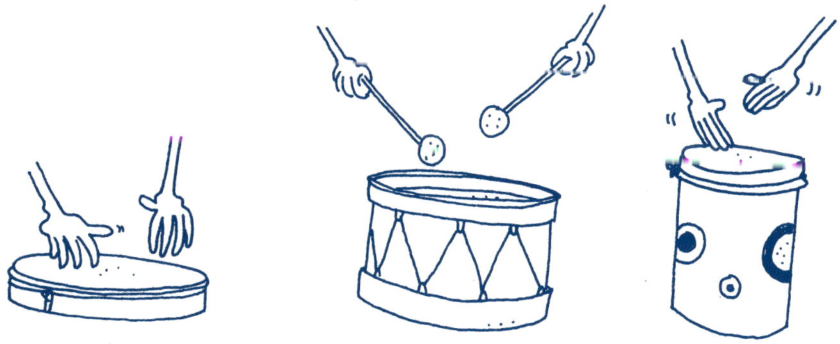

Vom Trauermarsch zur wilden Trance

Rhythmus, Tempo und Dynamik lassen sich beim Trommelspielen variieren. Trommeln können eine traurige oder fröhliche Stimmung erzeugen und Spannung aufbauen. Sie können Trommler und Zuhörer sogar in eine Trance versetzen. Lassen Sie die Kinder erst ganz langsam und dann immer schneller auf die Handtrommeln schlagen. Welche Wirkung hat dies auf die Kinder?

Trommelwerkstatt

Wir bauen eigene Trommeln

Bauen Sie mit den Kindern verschiedene Trommeln. Sie brauchen dafür folgendes Material:

- Blumentöpfe aus Ton (Durchmesser 15 bis 25 Zentimeter)
- alte Fensterleder oder Wachspapier
- doppelseitiges Klebeband
- feste Schnur
- Holzstäbchen
- Styroporkugeln
- Bleistifte
- Farben
- Perlen, Federn, Blätter

Die Töpfe werden umgedreht auf die Fensterleder gestellt. Zunächst zeichnet jedes Kinder mit dem Bleistift den Umriss seines Topfes nach. Das ist der Innenkreis der Trommel. Im Abstand von zirka 3 Zentimeter zeichnen die Kinder den Außenkreis. Anschließend schneiden sie in den Außenkreis Zacken, die bis kurz vor den Rand des Innenkreises reichen, sodass das Fensterleder wie eine Sonne aussieht. Helfen Sie den Kindern, die noch nicht so genau schneiden können, oder stellen Sie ihnen eine fertige »Sonne« als Schablone zur Verfügung.

Dann kleben die Kinder das doppelseitige Klebeband am oberen Rand der Töpfe außen fest. Jetzt wird's schwierig: Die Kinder ziehen die Schutzfolie ab und legen das Fensterleder mittig über auf den Topf. Dann drücken sie jeden Zacken einzeln auf die Klebefläche, ohne dass das Leder verrutscht, und binden ein Stück Schnur fest um das Klebeband – dabei sollten sich die Kinder gegenseitig helfen. Zum Schluss bemalen die Kinder ihre Trommeltöpfe oder schmücken sie mit Federn, Perlen und Blättern.

Aus den Holzstäbchen und den Styroporkugeln basteln die Kinder kleine Trommelstöcke: Sie stechen mit einem Bleistift ein Loch in die Kugeln, geben vorsichtig flüssigen Kleber in das Loch und setzen die Kugel auf den Stab. Gut trocknen lassen, ehe sie ihre Trommeln jetzt endlich ausprobieren dürfen.

Bilder und Piktogramme

Wir können uns nicht nur mit Blicken oder gesprochenen Worten verständigen, sondern auch mit geschriebenen Worten, Bildern und Zeichen.

Höhlenmalerei

Legen Sie zur Vorbereitung der Geschichte folgende Bilder bereit:

- Höhle aus der Steinzeit
- Höhlenmenschen
- Höhlenmalerei: Jagdszene mit Pferd, Wisent oder Auerochse und Mensch

Setzen Sie sich mit den Kindern zusammen und erzählen Sie ihnen von den Höhlenmenschen:
Vor langer, langer Zeit, bevor die Oma von eurer Oma auf der Welt war, wohnten die Menschen in Höhlen. Dort waren sie vor Kälte und Wind geschützt, aber auch vor großen Tieren. – So ungefähr sahen die Menschen aus. Ganz schön haarig, oder? Die Menschen wohnten in Gruppen zusammen – Männer, Frauen und Kinder, in mehreren Familien. Konnten diese Menschen damals im Supermarkt einkaufen gehen? (»Nein!« abwarten.) *Natürlich nicht! Aber woher bekamen sie ihre Nahrung? Habt ihr eine Idee?* (Sammeln Sie die Ideen der Kinder.) *Genau: Die Männer gingen auf die Jagd. Dafür hatten sie Werkzeuge, die vor allem aus Stein waren. Deshalb wird diese Zeit »Steinzeit« genannt. Die Frauen und Kinder sammelten Blätter, Beeren und Wurzeln.*
Nun waren wir ja nicht dabei, als diese Menschen gelebt haben – das ist ja schon so lange her. Und die Leute von damals können uns auch nichts mehr selbst erzählen. Aber sie haben uns ihre Bilder hinterlassen. Erkennt ihr, welche Tiere die Männer gejagt haben?
Die Kinder erzählen, was sie auf den Bildern sehen. Helfen Sie mit Fragen, wenn Sie den Eindruck haben, ein Kind hat den Sinn des Bildes oder einen Teil des Bildes nicht verstanden.

Wir malen Höhlenbilder

Endlich dürfen die Kinder sich als Künstler betätigen. Mit Fingerfarben malen sie auf große Papierbögen Bilder, die sie in einer Kinderhöhle malen würden. Selbst wenn das Ergebnis nicht gerade gegenständlich sein wird, ermuntern Sie die Kinder zum Malen von Tieren und Jägern. Auch die Hände sind wichtig. Lassen Sie die Kinder ihre Handflächen anmalen und damit Abdrücke auf dem Papier machen. Das haben die Höhlenmenschen auch schon gemacht!
Wenn alle Bilder fertig sind, legen Sie je zwei Bögen mit der bemalten Seite nach innen und kleben Sie diese an den oberen Kanten zusammen. Legen Sie die zusammengeklebten Bögen über einige Stühle, die auf Tischen stehen. So können Sie mit den Kindern hindurchgehen und die »Höhlenmalerei« bewundern.

Tipp: Lassen Sie die »Höhle« aufgebaut und laden Sie die Eltern zu einem Kurzbesuch ein.

Piktogramme sagen, wo es lang geht

Piktogramme – was ist das denn für ein Wort? Es heißt gezeichnetes Bild oder besser Bilderschrift. Piktogramme sind einfache Bilder, bei denen (fast) jeder weiß, was gemeint ist. Einige Piktogramme kennen die Kinder vielleicht: die Symbole für Mädchen und Jungen auf Toilettentüren. Auf Parkplätzen haben sie möglicherweise das Piktogramm mit einem Rollstuhl gesehen. Wissen sie, was es bedeutet? Welche anderen Piktogramme können die Kinder beschreiben oder nachzeichnen?

Wir machen unsere eigene Bilderschrift

Eine Bilderschrift besteht aus kleinen Bildern mit einer eindeutigen oder einer übertragenen Bedeutung. Schlagen Sie den Kindern vor, eine kleine Geschichte in Bilderschrift aufzuschreiben. In einfachen Bildern malen die Kinder für eine

- Sonnengeschichte: Sonne, fröhliches Kind, Eimer und Schaufel
- Regengeschichte: Wolke, trauriges Kind, Regenschirm und Gummistiefel

Alle malen still für sich und zeigen ihre Bilderschrift-Geschichten danach in der Gruppe. Können die anderen Kinder die in Bilderschrift verfassten Geschichten »lesen«?

Tipp: Wenn eine Bilderschrift nicht »lesbar« ist, sollten Sie beim Raten helfen, damit der kleine Künstler nicht frustriert wird.

Wir erfinden Piktogramme

Die Kinder wissen nun, dass wir Menschen uns mit Bildern und symbolischen Zeichen wie Piktogrammen verständigen können. Spannender für die Kinder wird es, wenn sie selber Zeichen erfinden dürfen. Sie benötigen folgendes Material:

- Bunt- und Bleistifte
- festes Papier
- Scheren
- bunte Papprahmen

Sprechen Sie nun mit den Kindern über den Kindergartenalltag: Welche Wege gehen sie, wenn sie morgens kommen? Was machen sie als Erstes? Was danach? Auf welchen Teil des Vormittags freuen sie sich? Was machen sie, kurz bevor sie abgeholt werden? Was reden sie mit ihren Eltern, mit anderen Kindern oder mit den Erzieherinnen? Notieren Sie die Antworten und überlegen Sie anschließend gemeinsam, was den Kindern am wichtigsten ist und wie sie diese Szene mit einem einfachen Bild ausdrücken können.

- Mama verabschieden
- Freund/Freundin zum Spielen auffordern
- Morgenkreis

Lassen Sie die Kinder diese Symbole malen. Erkennen sie die Piktogramme mit ihrem jetzigen Vorwissen? Die Kinder können ja in einer anderen Gruppe nachfragen, ob sie ihre Bedeutung verstehen.
Wenn alle Piktogramme entwickelt wurden, malen Sie diese groß auf Papier und basteln aus Pappe Rahmen. Hängen Sie die Piktogramme an den Orten in der KiTa auf, wo die jeweiligen Tätigkeiten stattfinden.

Tipp: Ermuntern Sie die Kinder, auch ihren Eltern die Piktogramme zu erklären. Da die Eltern immer nur kurz im Kindergarten sind, können sie die Piktogramme vielleicht nicht auf Anhieb verstehen – die sind schließlich etwas für Insider!

Zeichen verstehen

Kleinere Kinder sind schnell von lebhaften Eindrücken gefesselt und achten nicht auf Autos oder Fahrräder. So kann es sein, dass sie »einfach so« auf die Straße rennen, weil da etwas besonders Interessantes ist. Trotzige Drohungen wie »... dann renn ich jetzt auf die Straße!« sind hier ebenfalls zu nennen. Kinder verstehen nicht, dass ein Auto einen Bremsweg benötigt. Und wenn sie das Auto sehen, nehmen sie an, dass der Fahrer auch sie sieht. Kinder können sich auch nicht auf zwei Dinge gleichzeitig konzentrieren – Ball spielen und auf Autos achten ist nicht drin. Umso wichtiger ist es, dass sie früh die wichtigen Verkehrsregeln lernen und wissen, an welchen Stellen sie relativ ungefährdet über die Straße gehen können. Das hebt zwar noch nicht die Unachtsamkeit mancher Autofahrer auf, ist aber im Regelfall für die Kinder am sichersten.

Wie sehen Verkehrszeichen aus?

Gehen Sie mit einer kleinen Gruppe auf die Straße. Erklären Sie, was die Schilder auf den Wegen zu bedeuten haben und wie die Kinder erkennen können, wo sie laufen dürfen. Gehen Sie an einem Zebrastreifen über die Straße und machen Sie den Kindern klar, dass sie trotz Fußgängervorrecht am Zebrastreifen immer erst einmal stehen bleiben sollen, um auch wirklich sicher zu sein. Der Zebrastreifen heißt übrigens offiziell Fußgängerüberweg. Auf dem Rückweg lassen Sie die Kinder erzählen, was sie sich bei den einzelnen Schildern denken und was sie dann machen.

Tipp: Vielerorts ist die Polizei bereit, bei der Verkehrserziehung der Kinder mitzuwirken, auch zusammen mit der Deutschen Verkehrswacht. Die Teilnahme von Polizisten kann das Lernereignis intensivieren!

Verkehrszeichen-Memory

Um den Kindern die Bedeutung der verschiedenen Verkehrsschilder nahe zu bringen, gestalten Sie mit ihnen ein Verkehrszeichen-Memory. Dazu brauchen Sie zwei gleiche Kartonbögen mit den wichtigsten Verkehrszeichen. Die Bögen zerschneiden Sie so, dass jedes Verkehrszeichen ein Kärtchen ergibt. Am Ende haben Sie von jedem Verkehrszeichen ein Pärchen. Beginnen Sie nun mit dem Memory: Die Spielregeln kennt wahrscheinlich jedes Kind, aber was ist mit den Verkehrsregeln? Können die Kinder ihre Bedeutung erklären? Wenn nicht, helfen Sie ihnen.

Variation: Nehmen Sie einen Spielteppich mit Straßen und Wegen oder einen großen Bogen Packpapier, den Sie selbst mit einem Wegenetz bemalen. Darauf setzen die Kinder einige Autos und Spielfiguren. Geben Sie ihnen nun die Memorykarten: Können sie die Schilder schon sinnvoll »aufstellen«? Helfen Sie ihnen und erläutern Sie noch einmal, wie sich Autos und Fußgänger bei welchem Schild verhalten müssen. Lassen Sie die Kinder nun spielen und die Regeln im Spiel einüben.

Brettspiel: Am Bahnübergang

Basteln Sie mit den Kindern ein Brettspiel, um das Prinzip von Bahnschranken vertiefen. Sie brauchen:

- dicke Pappe
- Farbe
- Spielzeugeisenbahnen und -schranken
- kleine Pappkreise
- Würfel

Auf die Pappe malen Sie eine Straße mit Fußgängerwegen und eine Bahnstrecke. Die beiden Strecken kreuzen sich an mehreren Punkten. Lassen Sie die Kinder die Strecken farbig ausmalen und dann Autos und Züge darauf stellen. Was meinen sie passiert, wenn alle einfach fahren? Sie sollen es ruhig ausprobieren – ein Crash auf dem Spielfeld ist zum Glück harmlos! Wie könnte das verhindert werden, was denken die Kinder? Vielleicht fallen ihnen die Schranken ein, die sie nun auf dem Spielplan platzieren. Nun fehlen noch die Kinder, die auch mal auf der Straße unterwegs sind. Die Kinder malen sich selbst auf die kleinen Pappkreise, versehen sie mit ihren Namen und verteilen sie auf dem Spielfeld. Nun zeichnen Sie einen Fußweg, den Sie mit Kreisen markieren. Der Fußweg verläuft mal entlang der Straße, mal querfeldein und mal kreuzt er die Bahnstrecke. Die Kinder können die Kreise bunt ausmalen.

Spielregeln: Jedes Kind würfelt und zieht dann mit seinem Plättchen die gewürfelte Augenzahl weiter. Kommt ein Kind an einem Bahnübergang zum Stehen, geht die Schranke herunter und das Kind wird zum Lokomotivführer. Die anderen Kinder können dann natürlich nicht über diesen Bahnübergang und warten eine Runde. Das Warnsignal an der Schranke zeigt allen: Halt! Jetzt darf der Zug fahren! Der Lokomotivführer fährt bis zum nächsten Kreuzungspunkt Bahnübergang-Fußweg und wird dann wieder Fußgänger. Wer zuerst ins Ziel kommt und mindestens einmal Lokomotivführer war, hat gewonnen.

Sicherheitsabsperrungen

Bei Baustellen, großen Festen und Versammlungen gibt es immer Bereiche, in die keine Unbefugten gehen sollen. Das bedeutet, dass nur die Menschen, die dort arbeiten oder eine bestimmte Aufgabe haben, hinter die Absperrung dürfen. Grenzen Sie doch einmal den Küchenbereich Ihrer Einrichtung mit einem rot-weiß-gestreiften Absperrband ab. Viele Kinder werden neugierig schauen und fragen, was das zu bedeuten hat. Sie haben verstanden, dass das Band eine Nachricht ist. Vielleicht können Sie anhand von Bilderbüchern zeigen, wo Sicherheitsabsperrungen überall eingesetzt werden?

Flaggen als Botschaften

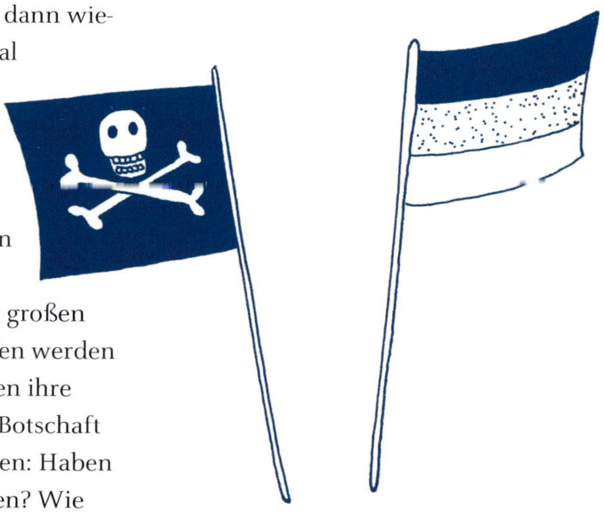

Fahnen können sprechen! Nun ja, nicht so richtig, aber sie können Botschaften übermitteln. Wissen die Kinder, wo überall Flaggen eingesetzt werden? Helfen Sie ihnen: am Strand, auf Burgen, vor großen (öffentlichen) Gebäuden und auf Schiffen. Auch auf dem Flughafen werden Flaggen eingesetzt, da sind sie sogar sehr wichtig, damit die Piloten ihre Flugzeuge auf dem Boden an die richtige Stelle rollen lassen. Die Botschaft ist dann klar: Hier geht's lang! Auch bei Autorennen gibt es Flaggen: Haben die Kinder schon mal die Zielflagge bei einem Autorennen gesehen? Wie sieht die aus und was bedeutet es, wenn sie geschwenkt wird? Richtig, sie ist schwarz-weiß kariert und wird für jeden geschwenkt, der ins Ziel kommt.

Nachdem die Kinder verschiedene Fahnen kennen gelernt haben, basteln sie selbst welche. Jedes Kind erhält einen Bogen Papier, knickt ihn in der Mitte, bemalt die Vorder- und Rückseite und klebt die fertige Zeichnung zusammen. Zum Schluss werden alle Fahnen auf eine Schnur gefädelt und im Gruppenraum aufgehängt. Natürlich erklären die Kinder noch, welche Botschaft die einzelnen Fahnen vermitteln.

Reime und Gedichte

Wir Menschen verständigen uns mit Blicken, aber vor allem mit Worten. Schon mit den kleinsten Kindern wird gesprochen und früher oder später fangen alle Kinder an zu reden. Die Kinder, die bei Ihnen sitzen, können wahrscheinlich schon längere – und gut verständliche – Sätze bilden. Die meisten Kinder möchten sprechen, um sich ihrer Umwelt mitzuteilen oder einfach »mitreden« zu können.

Sprechen mit Spaß

Die Kinder probieren verschiedene Lautkombinationen:

Kuh – Muh – Blu
Bla – ta – gna
Fe – Gle – Tee
Schi – Gri – Mi

Lustig wird es, wenn die Kinder im Kanon sprechen. Bilden Sie für jede Zeile eine Gruppe und teilen Sie dieser jeweils eine der Lautkombinationen zu. Nachdem alle einige Zeit geübt haben, kann der Kanon beginnen, bis schließlich alle vier Gruppen gleichzeitig ihre Zeile aufsagen. Die Kinder werden merken, dass es schwer ist, dabei die eigene Lautkombination »richtig« zu wiederholen!

Variation: Eventuell behalten die Kinder den eigenen Text leichter, wenn er Sinn macht. Zum Beispiel:

Kind im Baum
Obst am Ast
Stein auf Stein
Hund mit Ball

Geflüsterte Gedichte

Alle Kinder bewegen sich leise im Raum. Flüstern Sie einem Kind ein bekanntes Gedicht ins Ohr und tauschen Sie dabei zwei Wörter aus (gut merken!). Das Kind flüstert das Gehörte dem nächsten ins Ohr. Haben alle das Gedicht zugeflüstert bekommen, setzen sie sich im Kreis auf den Boden. Das letzte Kind der Flüsterkette sagt das Gedicht nun laut auf. Die anderen Kinder müssen dabei ganz still sein – das ist wahrscheinlich der schwerste Teil des Spiels. Danach dürfen die anderen Kinder ihre Version des Gedichts aufsagen. Am Schluss wiederholen Sie Ihre Version. Erkennen die Kinder, worauf es ankommt, wenn sie eine Nachricht weitergeben?

Wir erfinden Gedichte

Wie wäre es, wenn sie nun selbst Gedichte erfinden? Natürlich sind Quatschgedichte absolut erwünscht! Geben Sie jedoch vor, was als Gedicht gelten soll. Müssen sich die Gedichte wirklich reimen? Reichen zwei Zeilen aus? Sollen Sprüche wie »Aus die Maus« schon als Gedicht gelten? Üben Sie mit den Kindern als Einstieg das folgende Gedicht, das alle mit den passenden Bewegungen untermalen.

Wir sitzen in der Runde
zu dieser Morgenstunde.
Wir haben schon gegessen
und dabei auch gesessen.
Wir wollen jetzt was machen,
vielleicht ist es zum Lachen?
Ihr hört mir so schön zu,
drum mache ich jetzt ...

Das letzte Wort ergänzen die Kinder mit »Muh«, »Buh« oder »Ruh«.

Sprechen mit und ohne Gesten

Telefonieren ist wieder eine ganz andere Art der Verständigung: Wir hören nur die Stimme unseres Gesprächspartners, aber können seinen Gesichtsausdruck und seine Körperhaltung nicht sehen. Vielen kleinen Kindern ist das noch nicht klar, daher nicken sie oft am Telefon. Dass hier Sprechen und Hören eine Rolle spielen, verstehen sie erst mit der Zeit.

Erste Experimente

Anders als zu Postkutschenzeiten gibt es heute Telefone, das ist den Kindern klar. Aber wissen sie eigentlich auch, dass es eine Telefonleitung und ein anderes Ende dieser Leitung gibt?
Haben Sie mit den Kindern schon einmal Dosen-Leine-Telefone gebastelt? Wenn ja, können sie damit experimentieren und sehen, dass nur Wörter oder Laute durch das Telefon kommen. Sie können dabei sehen, wie die Enden einer Leitung in ganz einfacher Form aussehen.

Tipp: Auf Seite 28 finden Sie eine Anleitung für die Herstellung von Telefonen.

Wer telefoniert mal mit der Oma?

Telefonieren ermöglicht das Sprechen mit einer Person, die nicht im gleichen Raum oder nicht einmal in der gleichen Stadt ist! Telefonieren geht schnell. Wenn Dennis die Oma anruft oder Karina ihre Freundin Sophie, können sie sofort sprechen und ihre Nachricht loswerden – vorausgesetzt am anderen Ende der Leitung ist nicht besetzt und es ist jemand zu Hause! Fragen Sie die Kinder, wer denn schon mal telefoniert hat – gemeint ist lediglich das Gespräch selbst. Bitten Sie die Kinder zu erzählen, wie das Telefonieren so ist und mit wem sie telefoniert haben. Konnten sie die Oma am Telefon sehen? Warum nicht? Und ist das blöd oder okay? Haben sie dabei auch genickt? Ja, aber die Oma konnte das Nicken doch nicht sehen. Wissen die Kinder, woran das liegt? Genau: Am Telefon können wir jemanden hören und ihm etwas sagen, aber wir können ihn nicht sehen. Daher ist es wichtig, am Telefon Wörter zu benutzen und Sätze zu sprechen.

Wir telefonieren

Lassen Sie die Kinder ein wenig Telefonieren spielen. Dazu setzen sich jeweils zwei Kinder Rücken an Rücken hin. Damit sie sich auf ihre Gespräche konzentrieren können, sollten die einzelnen Zweiergruppen ein gutes Stück auseinander sitzen. Dann übernimmt ein Kind die Rolle des Anrufers: »Ring, ring!« Das andere Kind meldet sich mit seinem Vornamen und schon kann die Unterhaltung beginnen. Nach einiger Zeit rufen Sie alle Kinder zusammen und fragen sie nach dem Verlauf ihrer Gespräche. Waren sie interessant oder eher einsilbig?

Besuch im Museum

Technische Details sind für die Kleinen eher uninteressant, vor allem, wenn sie nur davon hören. In einigen Städten gibt es ein »Museum für Kommunikation«, in dem unter anderem das Telefonieren erklärt wird. Die Kinder können sich dort im Wortsinn ein Bild vom Telefonieren machen (Adressen von einigen Museen finden Sie auf Seite 74-75).

Sprechen in fremden Sprachen

Wissen die Kinder, dass die Menschen mehr als 5.000 unterschiedliche Sprachen sprechen? Das ist für Kinder im Kindergartenalter meist unvorstellbar. Aber Gesten, die können die meisten Menschen verstehen, egal welche Sprache sie sprechen.
Bitten Sie die zweisprachigen Kinder in Ihrer Gruppe, die anderen Kinder in ihrer Mutter- oder Zweitsprache mit »Guten Tag, ich heiße ...« zu begrüßen. Lassen Sie sich danach Wort für Wort übersetzen, damit alle genau verstehen können, was die Kinder gesagt haben. Üben Sie mit den Kindern weitere kleine Sätze in einer Fremdsprache und sie werden sehr stolz sein, wenn sie etwas Sinnvolles in einer anderen Sprache sagen können!

Variation: Sollten Sie nur deutschsprachige Kinder in Ihrer Gruppe haben, bieten Sie den englischen Satz »Hello, my name is ...« an. Dieser Satz wird den Kindern keine Probleme bei der Aussprache bereiten.

Sprechen in vielen Sprachen

Und jetzt ein Spiel, bei der die Kinder ihrer Fantasie freien Lauf lassen können. Jeder erfindet seine eigene Sprache. Ermuntern Sie die Kinder mit Sätzen wie »Ago janaschat blu klö« und lassen Sie sie eine Weile herumexperimentieren. Ob die Kinder sich jetzt noch miteinander unterhalten können? Probieren Sie es aus: Die Kinder sollen sich in ihren Fantasiesprachen miteinander unterhalten oder zum Spielen auffordern. Dabei dürfen sie auch Gesten benutzen. Fragen Sie nach dem Spiel, ob sie sich verstanden haben. Wenn ja, können sie sagen, ob ihnen die Sprache oder die Gesten dabei geholfen haben?

Sprechen ohne Worte

Bilden Sie mit den Kindern einen Kreis, bei dem sich jedes vor einem Stuhl aufstellt. Bitten Sie alle ganz leise zu sein. Laden Sie die Kinder dann mit einer Geste ein sich zu setzen. Sollten einige die Einladung nicht verstehen, verstärken Sie Ihre Gestik. Erklären Sie abschließend, dass dies eine Verständigung ohne Worte war – in diesem Fall mit Gesten.

Fernsehen macht Spaß, aber ...

An dieser Stelle könnte die Debatte »Ist Fernsehen gut oder schlecht?« wiedergegeben, auf Kulturpessimismus und Verharmlosung hingewiesen oder die Programmgestaltung vieler Sender kritisch gewürdigt werden. Wir tun all dies nicht, sondern gehen hier ohne Wertung davon aus, dass die meisten Kinder zumindest hin und wieder vor dem Fernseher sitzen.

Was habt ihr neulich im Fernsehen gesehen?

Fragen Sie die Kinder, welchen Film sie zuletzt im Fernsehen gesehen haben. Können sie die Geschichte, die sie gesehen haben, mit eigenen Worten wiedergeben? Vielleicht können sie die Haupthandlung der Geschichte oder einige Ereignisse in der richtigen Reihenfolge erzählen. Auch wenn die Kinder nur einige Highlights der Sendung wiedergeben können, bedeutet dies schon eine beachtliche sprachliche und kognitive Leistung.

Ist im Fernsehen alles echt?

Kinder im Vor- und Grundschulalter nutzen das Fernsehangebot in der Regel, weil sie Geschichten mit bewegten Bildern mögen. Diese Bilder ziehen Kinder emotional in ihren Bann. Von Nachteil ist dabei jedoch, dass sie einen Fernsehfilm nicht wie ein Buch zurückblättern oder ein zweites Mal sehen können. Das kann dazu führen, dass sie das Gesehene nicht sofort verstehen. Je mehr Bilder und je schneller die Schnitte, desto schwieriger können die Kinder folgen. Ob ein Zeichentrickfilm oder echte Schauspieler gezeigt werden, ist durchaus wichtig: Die Kinder erkennen die Schauspieler nicht als Schauspieler, sondern als die Rolle, die sie darstellen. Fantasie und Realität sind noch nicht getrennt. Das bedeutet: Ein Film, in dem ein Schauspieler einen Unfall vorspielt, kann bei den kindlichen Zuschauern starke Empathie hervorrufen. »Tut dem das jetzt weh?« oder »Wird die wieder gesund?« sind typische Fragen. Zeichentrickfilme wirken weniger real, hinterlassen aber einen starken Eindruck, wenn sie bestimmte Rollenbilder darstellen. Es gibt mittlerweile eine große Bandbreite von Zeichentrickfilmen, die eine differenzierte Betrachtung verdienen.

Rollenspiel: Wir sind jetzt im Fernsehen

Für dieses Rollenspiel brauchen Sie einen selbst gestalteten Bildschirm – eine große schwarze Pappe, in die ein großes, abgerundetes liegendes Rechteck geschnitten wurde.
Welche Kinder möchten nun mal einige Filmszenen nachspielen, die sie besonders toll oder gruselig fanden? Jeweils zwei bis drei Kinder überlegen, welche Szenen sie spielen wollen. Helfen Sie ihnen durch steuernde Fragen – die Kinder sollen ja selbst auf die Lösung kommen. Es gibt drei Grundregeln:

1. Niemand wird wirklich geschlagen.
2. Jede Szene ist höchstens drei Minuten lang.
3. Das Publikum verhält sich ruhig, bis die Szene zu Ende ist.

Nun wird das Fernsehen eingeschaltet! Die Zuschauer sitzen vor dem Bildschirm, die erste Schauspielgruppe beginnt mit ihrer Aufführung.

Wenn alle Gruppen ihre Szenen vorgeführt haben, fragen Sie die Kinder, was sie am Fernsehen toll finden und was nicht? Verdeutlichen Sie, dass es völlig in Ordnung ist, wenn sie beim Fernsehen auch mal Angst haben. Sagen Sie ihnen aber auch, dass sie dann am besten zu ihrer Mutter oder ihrem Vater gehen, um sich trösten zu lassen und das Gesehene erklärt zu bekommen.

Pantomime: Was bin ich?

Stimmungssache!

Bitten Sie die Kinder, sich in einen Kreis zu setzen und kurz zu warten, während Sie etwas erledigen. Sie verlassen kurz den Gruppenraum und holen eine Handpuppe. Bei Ihrer Rückkehr klopfen Sie an die Tür, strecken die Puppe vorsichtig um die Ecke und sagen mit verstellter Stimme: »Hallo, bin ich hier richtig? Ich bin Lisa und ich suche die (Name)-Gruppe!« Wenn die Kinder antworten, dass sie die gesuchte Gruppe sind, sucht sich die Puppe einen (Ihren) Platz und sagt: »Puh! Bin ich froh! Ich suche euch schon lange. Mir wurde nämlich erzählt, dass es hier immer etwas zu erleben gibt. Das stimmt doch, oder?«

Lassen Sie die Puppe schauen, welches Kind besonders begeistert geantwortet hat, und dann sagen: »Du siehst ja so aus, als ob du richtig gute Laune hast! Dein Mund lacht und deine Augen strahlen, weil ihr gerade ein tolles Spiel gespielt habt!« Welche Kinder möchten erzählen, was ihnen dazu einfällt. Vielleicht versuchen einige jetzt, ein sehr zufriedenes Gesicht zu machen und richten sich dabei gerade auf.

»Aber was ist, wenn mal etwas nicht klappt, wenn eure Freundin oder euer Freund nicht da ist oder ihr beim Spielen keinen Spaß habt? Wie seht ihr dann aus?« Beobachten Sie die Reaktion der Kinder und kommentieren Sie diese mit der Puppe.

Nach einer Weile bittet die Puppe um Ruhe und sagt: »Jetzt wird immer ein Kind in die Mitte gehen und euch etwas vorspielen, aber ohne reden! Die Anderen müssen erraten, was das war. Danach darf ein anderes Kind etwas spielen.« Die Puppe wählt ein Kind aus und geht mit ihm kurz vor die Tür. Die anderen warten leise im Zimmer.

Draußen erklärt die Puppe dem Kind, dass es ein Tier auf vier Beinen spielen soll. Weitere Rollen sind Flötenspieler, Tänzerin oder Menschen, die etwas tun und sich ganz doll freuen oder sehr traurig sind.

Nach einigen Auftritten verabschiedet sich die Puppe mit freundlichen Worten bis zum nächsten Mal. Sie lobt die Kinder noch, weil sie sich auch ohne Worte so gut verstehen.

Rate- und Konzentrationsspiele

Was raschelt da?

Für dieses Spiel benötigen Sie folgende Materialien:

- welke Blätter in einem Korb
- Kieselsteinchen in einer Dose
- knisternde Papiertüte
- Münzen in einem Glas

Legen Sie die Materialien in die Mitte und fragen Sie die Kinder, was das für Dinge sind und woher sie diese kennen? Fordern Sie alle Kinder auf, ihre Erfahrungen in Worte zu fassen. So werden die Kinder angeregt, sich intensiv mit den Gegenständen zu befassen und ihre sprachlichen Fähigkeiten, vor allem ihr Ausdrucksvermögen, zu trainieren.

Nach dieser Einstiegsübung schließen die Kinder ihre Augen, während Sie die Materialien leise im Gruppenraum verteilen. Dann bewegen Sie nacheinander jedes der Gefäße. Können die Kinder erkennen, was sie gerade hören und aus welcher Richtung es kommt? Nachdem alle Geräusche erraten wurden, erhöhen Sie den Schwierigkeitsgrad. Rascheln Sie jetzt zusammen mit einem Kind an zwei Geräuschequellen: Können die anderen Kinder diesmal erkennen, welches Geräusch aus welcher Richtung kommt?

Unter dieser Decke ist ...

Breiten Sie eine Decke aus und beauftragen Sie die Kinder, verschiedene Gegenstände zu holen und auf eine Decke zu legen. Anschließend stellt jedes Kind einen Gegenstand vor, nennt seinen Namen und erzählt, ob es ihn schon mal benutzt hat – wofür war das?

Nach dieser Einführung legen Sie die Gegenstände in eine Kiste und legen eine Decke darüber. Ein Kind greift unter die Decke in der Kiste, nimmt einen Gegenstand und betastet ihn mit beiden Händen. Das Kind soll diesen nun genau beschreiben und sagen, wie er heißt. Das Beschreiben und Benennen des Gegenstandes ist für einige Kinder eine schwierige Aufgabe, bei der sie eventuell Ihre Hilfe brauchen.

Ich fühle etwas, das ist ...

Verschiedene Gegenstände befinden sich in einer Kiste, über der eine Decke ausgebreitet ist. Die Kinder setzen sich so vor die Kiste, dass sie nicht hineinsehen können. Ein Kind greift in die Kiste und ertastet einen Gegenstand. Es befühlt und beschreibt ihn, ohne seinen Namen zu nennen. Erraten die anderen Kinder, welchen Gegenstand das Kind in der Hand hat? Das tastende Kind sollte so lange die Eigenschaften des Gegenstandes beschreiben und seine Verwendung erklären, bis die anderen Kinder ihn erraten. Setzen Sie das Spiel so lange fort, bis jedes Kind einmal an der Reihe war.

Ich sehe was, was du nicht siehst …

Nun wieder ein beliebter Klassiker, den die Kinder immer wieder gerne spielen! Es geht darum, selbst etwas wahrzunehmen und minimal zu beschreiben. Die ratenden Kinder müssen die knappen Hinweise so in ihre geistige Vorstellungswelt aufnehmen, dass sie erkennen, welcher Gegenstand dies sein könnte und diesen dann mit dem Sichtbaren abgleichen. Vereinbaren Sie mit den Kindern noch ein paar Grundregeln, die sie bei diesem Spiel einhalten sollten.

- Die anderen müssen den Gegenstand sehen können, den der Fragende ausgeguckt hat.
- Das ausgesuchte Ding sollte möglichst nur eine Farbe haben.
- Das fragende Kind sollte nicht auf den Gegenstand schauen, während die anderen raten.

Ein Kind sucht sich wortlos einen Gegenstand aus, den alle sehen können, und beginnt die erste Raterunde mit den Worten: »Ich sehe was, was du nicht siehst, und das ist grün!« Wer die Lösung zuerst errat, darf als Nächster einen Gegenstand aussuchen.

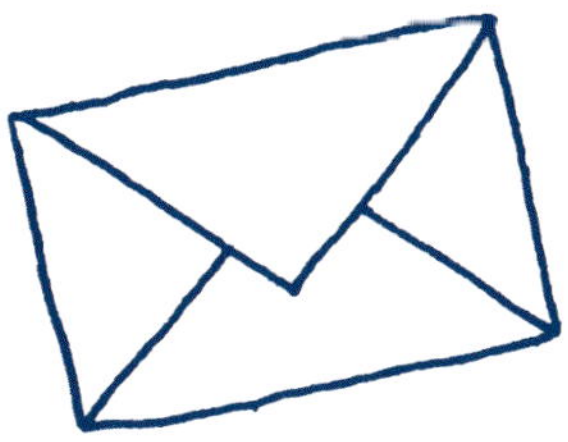

Stille Post

Um sich zu verstehen, muss die Nachricht verständlich sein – und zwar nicht nur inhaltlich, sondern auch akustisch: Klar und deutlich zu sprechen, lernen gerade die Kinder im Kindergartenalter. Bei den kleineren hat sich die Aussprache meist noch nicht so weit entwickelt, dass jedes ihrer Worte verständlich ist. Umso spannender ist das Stille-Post-Spiel. Dabei kommt es auch darauf an, dass die Kinder genau zuhören und die Nachricht möglichst leise weitergeben.

Vom Verlust der Information

Sie sitzen mit den Kindern im Kreis und flüstern dem Kind neben Ihnen ein langes Wort wie »Regenschirmfarbe« oder »Holzspielzeugkiste« ins Ohr. Nun wird dieses Wort von Kind zu Kind weitergeflüstert, bis es wieder bei Ihnen ankommt. Höchstwahrscheinlich ist es nicht das Wort, das Sie am Anfang gesagt haben. Sprechen Sie nun laut beide Worte. Können sich die Kinder denken, warum Sie jetzt zwei verschiedene Wörter sagen? Was müssen sie tun, damit das Wort richtig weitergegeben wird? Deutlich sprechen, nicht zu nahe ins Ohr flüstern und aufmerksam zuhören sind die drei Spielregeln. Wollen die Kinder sie in einer weiteren Spielrunde einmal ausprobieren?

Bewegungsspiele

Wir hüpfen im Takt unserer Worte

Gehen Sie sich mit den Kindern in einen großen Raum. Sprechen Sie nachfolgende Strophen und schlagen Sie dazu mit einer Trommel den Rhythmus. Beginnen Sie langsam. Steigern Sie das Tempo mit jeder Strophe, bis die Bewegungen wieder langsamer werden. Wiederholen Sie jede Strophe mindestens einmal. Während Sie sprechen, hüpfen die Kinder im Takt mit:

1. *Lang-sam hüp-fen, lang-sam hüp-fen,*
im-mer auf der Stel-le.

2. *Vor-wärts hüp-fen, vor-wärts hüp-fen*
und ein biss-chen schnel-ler!

3. *Auf- und ab-wärts, auf- und ab-wärts*
und jetzt noch nach vor-ne!

4. *Schnel-ler hüp-fen, schnel-ler hüp-fen,*
im-mer, im-mer schnel-ler!

5. *Auf- und ab-wärts, auf- und ab-wärts*
und jetzt noch nach hin-ten!

6. *Vor-wärts hüp-fen, vor-wärts hüp-fen*
und nicht mehr so schnelle!

7. *Lang-sam hüp-fen, lang-sam hüp-fen,*
im-mer auf der Stel-le.

8. *Lang-sam hüp-fen, lang-sam hüp-fen*
und jetzt bleibt ihr steh'n!

Storchenspiel

Das Storchenspiel verdeutlicht den Kindern ihr Gleichgewicht. Ein Kind stellt sich auf einen Hocker. Es spielt einen Storch, der in seinem Nest steht. Also hebt das Kind ein Bein und legt die Flügel an (Hände hinter dem Rücken zusammenlegen), während Sie neben dem Kind stehen bleiben. Die anderen Kinder sind ebenfalls Störche, die um das Nest herumflattern und leise »Piep!« machen. Sobald der Storch im Nest zu wackeln anfängt, werden die anderen ganz laut – sie sind jetzt aufgeregt und wollen in das Nest! Also überlässt der Storch sein Nest einem anderen und ruht sich erst einmal aus, bevor er wieder mitspielt.

Liederhüpfen

Wählen Sie eine CD mit einem Lied aus, das die Kinder gut mitsingen können. Die Kinder bilden eine Schlange. Fragen Sie, wer den Vorhüpfer spielen und sich an den Anfang der Kinderschlange stellen möchte? Vereinbaren Sie, dass der Vorhüpfer nach hinten geht und das nächste Kind der Vorhüpfer ist, sobald Sie ein Zeichen geben. Starten Sie die Musik. Das erste Kind hüpft los, die anderen hinterher. Animieren Sie die Kinder auch zum Mitsingen. Das wird ganz schön schwierig – gleichzeitig schauen, was vorne vorgehüpft wird, das nachmachen und singen! Das Hüpfen im Takt erleichtert das Singen, aber wenn das erste Kind aus dem Takt gerät ... Geben Sie Ihr Wechselsignal nicht zu schnell, damit alle Kinder das Vorgehüpfte auch umsetzen können.
Diese Übung kann ein eindrucksvolles Beispiel für gelungene Verständigung ohne Worte sein – aber auch wenn die Verständigung nicht so gut klappt und das Chaos unter den Kindern ausbricht, wird die Bedeutung von Verständigung deutlich.

Tipp: Wichtig ist, dass sich die Kinder nach den Hüpfspielen ausruhen und etwas trinken.

Unser Postamt

Wenn wir heute wissen wollen, was es Neues gibt in der Welt, schalten wir die Nachrichten im Radio oder im Fernsehen ein. Im Fernsehen bekommen wir auch gleich Bilder zu den Nachrichten, da können wir uns dann besser vorstellen, was passiert ist. Das kennen die Kinder wahrscheinlich auch. Aber wie haben die Leute früher, als es noch kein Fernsehen und kein Radio gab, Neuigkeiten erfahren?

Postgeschichte(n)

Fragen Sie die Kinder, was sie über die Post wissen. Wissen sie, dass die Post Briefe transportiert? Auch die Postkarte aus dem letzten Urlaub wurde befördert. Sehr viele Briefe und Postkarten sind jeden Tag an ihr Ziel zu bringen. Jedes Haus in jeder Straße, in jeder Stadt, in jedem Land, erhält einmal Post – unvorstellbar viel Post ist das! Sortiert wird die Post an einigen zentralen Stellen mit einer großen Maschine. Und von einem Ort zum anderen kann sie per Lastwagen, Auto, Moped, Fahrrad oder zu Fuß gebracht werden. Für weitere Strecken werden Züge oder Flugzeuge benutzt.

Wieso die Post »Post« heißt

Die Kinder haben ja schon von den Boten gehört, die zu Pferd Briefe transportierten. Diese Boten mussten auch mal Pause machen, vor allem, weil die Pferde nicht ewig laufen konnten. Diese Pause machten sie in einer Verweilstelle, wo ein neuer Bote mit einem ausgeruhten Pferd wartete. Diese Verweilstellen gab es schon vor zweitausend Jahren! Damals hießen sie »mansio posita«, und das »posita« klingt ein bisschen wie ...? Richtig, wie Post! Daher kommt auch das Wort »Post«.

Reisen mit der Postkutsche

Zeigen Sie den Kindern die Bilder aus der Postgeschichte: Können sie sich vorstellen, wie die Post transportiert wurde, bevor es Autos und Züge gab? Sie wurde mit Kutschen von einem Ort zum anderen gebracht. Diese Postkutschen waren relativ zuverlässig und transportierten auch Fahrgäste.
Lassen Sie die Kinder kleine Postgeschichten erfinden! Erleichtern Sie ihnen mit historischen Abbildungen den Einstieg. So können die Kinder ihr Wissen zeigen und in ihre Postgeschichten einbauen.

Neue alte Postfahrzeuge

Haben die Kinder Lust, ein Bild von einer Postkutsche oder einem Postschiff zu malen? Dann los! Lassen Sie die mitgebrachten Bilder liegen, damit sich die Kinder an ihnen orientieren können.
Wenn die selbst gemalten Postfahrzeuge fertig sind, dürfen die Kinder ihre Bilder in der Gruppe präsentieren und erklären, welches Fahrzeug sie gemalt haben und wie es von einem Ort zum anderen gelangt.

Einen Brief verschicken

Wer einen Brief verschicken möchte, muss eine Briefmarke kaufen und sie auf den Brief kleben. Lassen Sie die Kinder alte Briefumschläge mit abgestempelten Briefmarken mitbringen. Auch Umschläge mit dem Aufdruck »Entgelt bezahlt« sind gut. Haben Sie selbst auch Briefumschläge mit Sondermarken, die Sie mitbringen können? Legen Sie alle Briefumschläge im Stuhlkreis auf den Boden. Welche Unterschiede entdecken die Kinder zwischen den Briefmarken, Stempeln und Aufklebern?

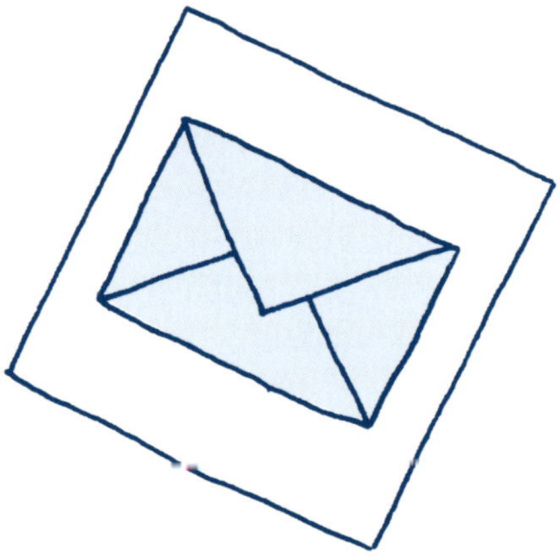

Briefmarken erzählen

Briefmarken gibt es schon lange, zwar noch nicht so lange wie die Boten, die Briefe auf dem Pferd an ihr Ziel brachten, aber doch schon 160 Jahre. Auf jeder Briefmarke steht, aus welchem Land sie kommt und welchen Wert sie hat. Zeigen Sie den Kindern auf den Marken, Stempeln und Aufklebern den Zusatz »Deutschland« und den jeweiligen Wert. Eine Postkarte ist günstiger als ein Brief, ein dünner Brief günstiger als ein dicker usw.

Die Briefmarken geben aber auch Wissen weiter, erinnern an wichtige Ereignisse oder zeigen berühmte Kunstwerke. Gibt es solche Sondermarken in der Sammlung der Kinder? Lassen Sie die Kinder die Briefmarken ihrer Sammlung zehn Minuten in warmem Wasser einweichen, dann abziehen und auf einer Zeitung trocknen. Die trockenen Marken kleben sie dann auf ein großes Blatt Papier oder einen Bogen Pappe. So entsteht ein schönes buntes Bild!

Becher-Leine-Telefon

Technische Feinheiten sind für kleinere Kinder nicht so interessant; wie ein Telefon genau funktioniert, müssen sie nicht wissen – es funktioniert halt (meistens). Und ein funktionierendes Telefon können die Kinder auch selber bauen! Dazu brauchen Sie:

- leere Jogurtbecher
- Paketschnur
- lange Nägel
- alte Zeitschriften
- einfarbiges Papier
- Scheren, Klebstoff, Stifte

Zeigen Sie den Kindern, wie sie basteln können:

1. Jogurtbecher auf das Blatt Papier legen und mit dem Stift die Breite abtragen.
2. Aus den Zeitungen bunte Bilder ausschneiden und auf den abgetragenen Streifen Papier kleben.
3. Während das Papier trocknet, mit dem Nagel ein Loch in den Becherboden stechen. Hier brauchen die Kinder Ihre Hilfe!
4. Papierstreifen auf den Becher kleben.
5. Paketschnur in 4 bis 5 Meter lange Stücke schneiden.
6. Pro Becher einen Faden durch das Loch fädeln und im Becher verknoten.

Jetzt kann es los gehen! Können sich die Kinder vorstellen, wie das »Telefonieren« mit diesen Bechern und Dosen funktioniert? Lassen Sie sie raten; vielleicht kennen einige Kinder ja das Becher-Leine-Telefon schon. Lassen Sie je ein Kinderpaar sich darauf verständigen, wer zuerst spricht und wer erstmal hört. Nun geht ein Kind mit einem »Hörer« aus dem Raum und so weit, bis die Schnur gespannt ist. Und los geht's ...

Wir basteln eine Poststelle

Sie benötigen folgendes Material:

- gelbe Pappe (DIN A2)
- normales und dickeres Papier
- ein dickes Stück Moosgummi (ca. 5 x 5 cm)
- 2 bis 4 runde Holzstücke
- Karton
- Bild von einem Postschild/-symbol
- scharfes kleines Messer
- Stifte, Kleber, Prickelnadeln

Fragen Sie die Kinder, was alles zu einer Poststelle gehört. Schreiben Sie die Antworten auf. Wissen die Kinder, wofür die genannten Dinge gebraucht werden? Vereinbaren Sie mit den Kindern, dass sie sich beim Basteln auf das Machbare konzentrieren sollen. Erfahrungsgemäß fallen Kindern Dinge ein, die zwar zur Post gehören, aber nicht ohne Riesenaufwand zu basteln sind. Und die gebastelte Post soll ja bespielbar sein!

Briefmarken und Stempel herstellen

Einige Kinder malen Briefmarken, das Postschild und Stempelvorlagen. Das Papier für die Briefmarken sollte etwas dicker sein. Zeichnen Sie kleine Rechtecke mit Rahmen auf, damit die Briefmarken-Maler keine Riesenmarken entwerfen. Wenn die kleinen Bilder fertig sind, prickeln die Kinder entlang der äußeren Rahmen eine Perforationslinie. Für die Stempel schneiden Sie das Moosgummi in zwei oder vier Teile und versehen sie mit einfachen Zeichen. Die Stempelfläche müssen Sie bearbeiten: Entfernen Sie mit dem Messer das Moosgummi so weit, dass nur das gezeichnete Symbol stehen bleibt. Kratzen Sie eventuelle Innenflächen aus. Zum Schluss kleben die Kinder die Moosgummistücke auf die Holzstücke.

Wer ist der Postmeister?

Nun kann das Spiel beginnen! Der Postmeister (der Schalterbeamte) sollte immer mal wieder wechseln. Natürlich dürfen abgegebene Briefe noch einmal verschickt werden.

Der Schalter

Andere Kinder basteln den Schalter. Dazu knicken sie die feste Pappe in einen breiten Mittelteil und zwei schmale Seitenteile. Auf den Mittelteil zeichnen sie die Schalteröffnung – ein Kinderkopf sollte durch die Öffnung bequem zu sehen sein. Das gemalte Postschild kleben die Kinder auf den Mittelteil, wobei die geknickten Seitenteile nach vorn gestellt werden.

Papier, Papier, Papier

Nun zu den Formularen. In jedem Postamt gibt es Papiere mit vorgedruckten Feldern zum Ausfüllen. Diese Formulare haben viele Kinder sicher schon gesehen. Also zeichnen Sie auf Papierbögen eine Längs- und eine Querlinie, sodass die Kinder pro Blatt vier Zettel ausschneiden und zu Formularen gestalten können. Lassen Sie sich überraschen, wie diese Formulare aussehen! Aber natürlich gibt es bei der Post noch mehr Papier: die Briefe, die die Kunden durch die Post verschicken lassen. Falten Sie mit den Kindern Briefumschläge, damit die Kinder ihre Briefe oder Bildergeschichten versenden können. Nun brauchen die Kinder noch eigenes Geld. Das können sie nach ihren eigenen Vorstellungen selbst herstellen. Aus dickerem Papier malen sie Geldscheine und aus Karton fertigen sie Münzen.

Verständigung in der Tierwelt

In freier Natur kann ein Tier allein selten überleben. Es braucht seine Artgenossen, um sich auszutauschen und vor Feinden zu warnen. Verständigung ist bei allen Tieren – ob Säugetier, Fisch, Vogel oder Insekt – überlebenswichtig.

Wie Fische reden

Jede Tierart hat ihre eigenen Wege, um Mitteilungen zu versenden oder zu empfangen. Viele Arten verständigen sich über Laute. Fische verständigen sich mit vielen verschiedenen Niederfrequenz-Geräuschen, die wir Menschen nicht ohne Hilfsmittel hören können. Sie machen diese Geräusche mit den Bauchmuskeln in ihrer Schwimmblase. Das Summen, Schnalzen und Jaulen der Fische bedeutet: »Ich finde dich toll, bleib bei mir!« oder »Achtung! Ein Feind!« oder »Okay, du bist der Boss«.

Delfine verstehen sich pfeifend

Delfine verständigen sich per Ultraschall. Jeder Delfin meldet sich bei seinen Artgenossen mit seinem Namen, einem ganz eigenen Pfiff. An diesem Pfeifton erkennen sie, wer spricht, und antworten, indem sie den Pfiff imitieren. Neben den Pfeiflauten benutzen die Delfine auch Klicklaute.

Manche Vögel sprechen mehrere Sprachen

Vögel können singen und zwitschern. Fragen Sie die Kinder, ob ihnen der Vogelgesang schon einmal aufgefallen ist. Hat er ihnen gefallen? Vielleicht können sie einige Vögel sogar an ihrem Gesang erkennen, den alle kleinen Vögel von ihren Eltern lernen. Die meisten Vogelarten beherrschen nur den Gesang der eigenen Art. Einige Arten wie der Star können jedoch auch die Stimmen anderer Vogelarten nachahmen. Es gibt sogar ein paar Vögel, die wie Menschen »sprechen« können. Wahrscheinlich wissen die Kinder, dass Papageien dies können. Aber auch die großen schwarzen Kolkraben können Sätze oder Wörter nachsprechen, wenn sie ihnen oft genug vorgesprochen werden.

Fledermäuse brauchen ein Echo

Auch die Fledermäuse nutzen den Ultraschall zur Verständigung und Orientierung. Sie stoßen mehrere Ultraschalllaute schnell hintereinander aus, um am Echo zu erkennen, ob vor ihnen ein Hindernis oder etwas zu fressen ist.

Bienen erzählen tanzend

Wenn eine Biene guten Blütennektar gefunden hat, kehrt sie in ihren Stock zurück und zeigt den anderen Bienen mit einer Art Tanz, wo die Blüten sind.

Schnuppersprache

Viele Tiere schnuppern unentwegt. Hunde tun es, Mäuse und Füchse ebenfalls. Vielleicht haben einige Kinder zu Hause Tiere, bei denen sie das Schnuppern beobachten können? Wissen sie, warum die Tiere dies tun? Klar, Hunde »lesen« beim Schnuppern wie in einer Zeitung. In der Hundetoilette erfahren sie, wie es Pudel Fifi geht, dass Schäferhund Sam wütend und Dackel Otti kerngesund ist. Außerdem markieren die Hundemännchen, die Rüden, mit dem »Pipi-Machen« ihr Revier und sagen: »Hier bin ich der Chef.« Da viele Hunde in Städten leben und dort zu denselben Stellen ausgeführt werden, klappt das mit dem Revier nicht so gut.
Hunde verständigen sich über das Urinieren und Schnuppern, aber natürlich auch über ihr Gebell. Tonlage, Lautstärke, Maul- und Ohrenstellung sagen deutlich, wie das Bellen gemeint ist – als Einladung zum Spielen, als Zeichen der Freude oder als Warnung und Drohung.

Affen »unterhalten« sich mit Menschen

Viele Affenarten sind so weit entwickelt, dass sie für konkrete Gefahren bestimmte Laute haben. Warnt eine grüne Meerkatze vor einer Schlange, wissen die anderen »Achtung, Schlange!« und schauen auf den Boden. Warnt der Wächter vor Leoparden, klettern die Affen in die äußersten Baumspitzen, auf die der Leopard nicht kommt. Schimpansen können sogar mit Menschen »reden«, indem sie eine gemeinsame Zeichensprache erlernen und nutzen.
Im Dschungel können Affen wegen der vielen Bäume nicht besonders weit sehen, deshalb müssen sie sich über Laute verständigen und nicht mit Gesten.

Geschichte der technischen Verständigung

Alt und neu

Die Kinder haben viele Bilder gesammelt. Alte und neue Kommunikationstechnik liegt auf dem Tisch. Nun sollen sich die Kinder gemeinsam eine Geschichte der Verständigung ausdenken, in die sie die gesammelten Bilder einbauen. Wer schon schreiben kann, ergänzt die Bilder durch kurze Texte. Wenn die Kinder sich eine Reihenfolge der Bilder überlegt haben, kleben sie diese auf ein Blatt Papier. Wo es passt, ergänzen die Kinder die Bilder durch eigene Zeichnungen oder mit etwas Farbe. Am Schluss werden alle Blätter hintereinander aufgehängt – fertig ist die einzigartige Geschichte der technischen Verständigung!

Alte Kommunikation

Betrachten Sie mit den Kindern historische Abbildungen aus der Welt der Kommunikation, zum Beispiel Telefone, Schreibmaschinen, Telegrafier- und Morsegeräte, Postkutschen, Tonbandgeräte, Fotoapparate, Litfasssäulen und erste Computer. Heute dürften ja schon Schreibmaschinen für die Kinder sehr altertümlich wirken. Falls Sie ein altes Gerät zu Hause haben oder bei den Eltern ausleihen können, bringen Sie es mit – vielleicht dürfen die Kinder es ausprobieren? Ermuntern Sie die Kinder herauszufinden, was mit welchem Gerät gemacht wurde. Helfen Sie ihnen, die Bilder in eine annähernd chronologische Reihenfolge zu bringen.

Neue Kommunikation

Sammeln Sie mit den Kindern Prospekte und Zeitschriften. Welche Kommunikationsmittel erkennen sie? Lassen Sie die Kinder die Bilder ausschneiden, die sie besonders interessant finden. Was wissen sie über Computer, das Handy oder die Digitalkamera?

Eine ganz besondere Post

»Hilfe, ich bin auf einer einsamen Insel. Mein Boot ist kaputt und ich komme nicht mehr weg!« Ahnen die Kinder, dass es sich bei diesem Hilferuf um eine alte Flaschenpost handelt? Vielleicht gibt es auch heute noch Flaschenpost-Hilferufe. Wer weiß das schon?
Kennen die Kinder Geschichten, die von einer Flaschenpost erzählen? Was ist der Unterschied zwischen einer Flaschenpost und einer E-Mail oder einem Brief? Genau! Abgesehen vom Transportweg weiß der Absender einer Flaschenpost nicht, wer der Empfänger ist, wer also die Nachricht findet und liest.

Wir schreiben eine Flaschenpost

Sie benötigen:

- Flaschen (gereinigt und getrocknet)
- Papier
- Wachsmalstifte
- Korken
- Kerzen

Können sich die Kinder vorstellen, selber eine Flaschenpost zu finden? Über welche Nachricht würden sie sich besonders freuen? Wie wäre es, wenn sie selbst eine Nachricht schreiben oder malen und per Flaschenpost verschicken? Damit sich der Empfänger, den sie ja nicht kennen, wirklich freut, sollte die Nachricht gut überlegt werden. Ist das Bild oder der Text fertig, rollen die Kinder ihr Blatt so zusammen, dass es in die Flasche passt. Dann wird der Korken fest in die Flasche gedrückt – da kann mit einem Hammer vorsichtig nachgeholfen werden. Zum Schluss träufeln die Kinder unter Ihrer Aufsicht Wachs rund um den Korken, bis der Übergang von Kork und Flasche dicht ist. Fertig ist die Flaschenpost. Haben die Kinder eine Idee, wo sie diese nun einwerfen können? Am besten verbinden Sie das Einwerfen der Flaschenpost mit einem Ausflug.

Kleine Übung im Internet

Im Internet gibt es für Vorschulkinder und Schulanfänger viele spezielle Angebote. Die Kinder können spielen, erkunden und vor allem lernen. Sie können den Umgang mit der Maus, dem Zeiger und der Navigation trainieren. Wichtig ist, dass Sie die Kinder nicht allein am Computer lassen, denn wie beim Fernsehen können sie leicht auf verstörende und kriminelle Inhalte stoßen. Bleiben Sie daher bei den Kindern am Computer sitzen. Rufen Sie eine kindgerechte Seite auf (Übersicht siehe Seite 75-76), die auch Nicht-Leser einfach navigieren können. Fragen Sie die Kinder auch nach ihren Wünschen. Vielleicht möchten sie Höhlenmenschen besuchen, Benjamin Blümchen sehen oder GEOlino anschauen?

Computer sind nicht nur zum Spielen da

Viele Kinder kennen Computer von zu Hause, wo sie eventuell schon Spiele machen oder im Internet surfen dürfen. Geschrieben haben bisher aber sicherlich die wenigsten!
Kinder haben meist einen offenen, unkomplizierten Zugang zum Computer, daher sollten sie den PC spielerisch kennen lernen. Lassen Sie jeweils ein Kind mit Tastatur und Maus herumprobieren. Was passiert auf dem Bildschirm, wenn es diese oder jene Taste drückt? Wie muss es die Maus bewegen, damit sich der Zeiger auf dem Bildschirm bewegt? Öffnen Sie ein Textverarbeitungsprogramm. Wer möchte seinen Namen schreiben? Finden die Kinder alle Buchstaben? Sie dürfen ihre Namen auch farbig schreiben. Zeigen Sie ihnen, welche Schritte dazu nötig sind. Vielleicht möchten die Kinder sogar einen kurzen Brief an ihre Eltern, die Großeltern oder einen Freund schreiben?

Papier selbst geschöpft

Vorbereitung

Für die Herstellung von Papier brauchen Sie folgendes Material:

- Altpapier
- 1 großen Eimer
- 1 Holzrahmen mit Fliegengitter, der in den Eimer passt
- 1 Holzrahmen mit feinem Metallgitternetz, der in den Eimer passt
- alte Tageszeitungen
- 1 großen Holzlöffel
- dicke alte Geschirrtücher oder Stoffwindeln
- Plastikfolien oder -säcke
- Haushaltstücher
- eventuell Mixer und Bügeleisen

Jetzt wird's fetzig

Den Eimer zur Hälfte mit Wasser füllen. Die unbedruckten Ränder werden aus den alten Zeitungen geschnitten oder abgerissen, zerkleinert und in den Eimer gegeben. Den Rest der Zeitungen brauchen die Kinder später zum Pressen. Die Zeitungsschnipsel weichen ein bis zwei Tage in Wasser ein, dabei öfter vorsichtig umrühren. Wenn Sie mehr Wasser zugeben, wird das Papier dünner. Soll das Papier feiner werden und keine sichtbaren Faserstücke enthalten, »pürieren« Sie den Papierbrei im Mixer. Füllen Sie es danach wieder in den Eimer.

Vorsicht, nass!

Bevor die Kinder mit dem eigentlichen Papierschöpfen anfangen, müssen sie noch ein paar Dinge vorbereiten: Auf einem Tisch die Plastikfolie ausbreiten, darauf ein feuchtes dickes Handtuch legen. Da das Papierschöpfen eine nasse Angelegenheit ist, legen Sie am besten mehrere Tücher unter den Tisch. Die Papier-Wasser-Masse immer wieder vorsichtig durchrühren, damit sich das Papier nicht absetzt.

Mit Sieb und Rahmen schöpfen

Jetzt kommen die beiden Rahmen zum Einsatz: Der Rahmen ohne Netz gibt vor, wie groß das Papier nachher sein wird. Ein Kind legt den Rahmen ohne Netz auf den Schöpfrahmen (mit Netz, also das Sieb) und hält sie beide fest zusammen. Dann taucht es die Rahmen vom Rand des Eimers her senkrecht ein und bringt sie unter Wasser erst in die Waagerechte. Langsam nimmt es die Rahmen waagerecht aus der Mischung heraus und lässt das überschüssige Wasser in den Eimer zurücktropfen – das erfordert etwas Geduld. Auf dem Sieb verbleibt ein feuchtes Fasergemisch, das neue Papier.

Wie können wir die nasse Masse hinlegen?

Vorsichtig wird der Rahmen ohne Netz (Formenrahmen) hochgenommen und weggelegt. Jetzt kommt der knifflige Teil: Wie kriegen wir die Papiermasse auf das Tuch? Ein Kind legt den senkrecht gehaltenen Schöpfrahmen an einer Kante des Tuches an und kippt ihn auf das Tuch. Nun wird mit einem Haushaltstuch auf die gesamte Siebfläche gedrückt, um Wasser aufzusaugen. Jetzt kann das Kind den Rahmen mit Netz vorsichtig hochklappen, zur Seite legen und das auf dem Tuch verbleibende Papier mit einem dicken nassen Tuch abdecken.

Pressen und trocknen gehen spielend

Nun kommt der nächste Papierbogen an die Reihe. Ein Kind legt sein geschöpftes Papier auf das oberste Tuch, auf das Papier kommt wieder ein nasses Tuch. Wenn fünf bis sechs Bögen zusammengekommen sind, beginnt das Pressen. Dazu legen Sie die Bögen mitsamt Plastikfolie und Tüchern auf den Boden, ringsum Zeitungen und obenauf eine alte Zeitung. Dann können zwei Kinder vorsichtig (!) auf den Stapel steigen und durch ihr Gewicht pressen – nicht trampeln oder hüpfen! Wenn kein Wasser mehr aus dem Stapel läuft, kommt der Stapel wieder auf den Tisch. Vorsichtig dürfen die Kinder die Tücher abnehmen und die Blätter für einen Tag zum Trocknen aufhängen. Das Papier trocknet auch liegend, das dauert aber deutlich länger.

Papier bügeln?

Damit das Papier schön glatt ist, kann es zum Schluss gebügelt werden. Dazu legen Sie immer einen Bogen zwischen zwei weiße Tücher und bügeln vorsichtig. Alternativ können die Kinder das Papier zwischen schwere Bücher legen und ein paar Stunden pressen.

Malen und Schreiben

Wenn alle Kinder einen Bogen Papier geschöpft haben und alle Bögen trocken und glatt sind, wird gemalt oder geschrieben. Da dies ein besonderes Papier ist, sollten sich die Kinder ein besonderes Thema überlegen. Können sie sich auf ein Thema einigen? Sind die Kunstwerke fertig, bereiten Sie eine kleine Ausstellung vor, die auch die Eltern und Besucher anschauen können.

Vom Bild zum Buchstaben

Die Schriftzeichen der Phönizier

Von den Bildzeichen zu den Schriftzeichen

Die erste Schrift mit Bildzeichen bzw. Hieroglyphen entwickelten die Ägypter. »Glyphe« steht für (eingemeißeltes) Zeichen, »Hieros« kommt aus dem Altägyptischen und bedeutet »heilig«.

Die Hieroglyphen wurden erstmals um 2.700 vor Christus in Ägypten verwendet und bis etwa 700 vor Christus benutzt. Erst vor 180 Jahren gelang es, sie zu entziffern.

Im heutigen Sinne sind Hieroglyphen keine Buchstaben, sondern Piktogramme. Die Hieroglyphen bestehen aus sehr, sehr vielen Zeichen, die auswendig gelernt werden müssen. Das war sehr mühsam! Und weil auch das Schreiben der Hieroglyphen sehr lange dauerte, entwickelten die Phönizier um 1.000 vor Christus als erste ein anderes System, das Alphabet. Sie erfanden Buchstaben, die für sich keine Bedeutung hatten, sondern Laute abbildeten und mit denen man alles schreiben konnte. Ein Bildzeichen mit Bedeutung wurde nun durch eine Buchstabenreihe ersetzt. Mit den vier Buchstaben »K«, »R«, »A« und »M« unseres Alphabets lassen sich sowohl die Wörter »Kram« wie auch »Mark« bilden. Im Deutschen gibt es über 400.000 Wörter, die sich alle aus den Buchstaben des Alphabets zusammensetzen!

Das phönizische Alphabet

Erzählen Sie den Kindern, dass die Phönizier Seefahrer und Händler waren. Ahnen sie nun, wie und warum sich ihre Schrift so weit verbreiten konnte?

Schreiben mit phönizischen Schriftzeichen

Vergleichen Sie mit den Kindern die Schriftzeichen der Phönizier mit unserem lateinischen Alphabet. Was fällt ihnen auf?
Nach diesem Vergleich schreibt jedes Kind seinen Vornamen mit phönizischen Schriftzeichen auf ein Kärtchen und klebt dies auf ein großes Poster.

Lesen und Schreiben ist nicht selbstverständlich!

Früher konnten nur wenige Menschen schreiben. Zu Zeiten der »alten« Mesopotamier und Ägypter gab es dafür Spezialisten, so genannte Schreiber. Wenn es um die Kunst des Schreibens und Lesens ging, waren viele Menschen auf sie angewiesen, oftmals sogar die Herrscher.
Wissen die Kinder, ob das heute anders ist? Können alle Menschen lesen und schreiben? Wenn nein, warum nicht? Und wie sieht es bei uns in Deutschland aus? Können alle Erwachsenen lesen und schreiben? Warum ist das so wichtig?

Das griechische Alphabet

Vom griechischen zum lateinischen Alphabet

Das griechische Alphabet beginnt mit den Buchstaben Alpha und Beta. Daher stammt auch der Name »Alphabet«. Das lateinische Alphabet, das wir verwenden, entwickelte sich aus dem griechischen. Als eigene Schrift setzte sie sich um das Jahr 400 nach Christus durch. Damals gab es nur Großbuchstaben, die alle auf einer (gedachten) Linie standen. 500 Jahre später nutzten die Menschen vor allem die Kleinbuchstaben. Allerdings konnten damals nur sehr wenige Leute schreiben und lesen!

Schreiben mit griechischen Buchstaben

Vergleichen Sie mit den Kindern doch mal die griechischen und lateinischen Buchstaben. Welche Unterschiede und Gemeinsamkeiten entdecken sie? Lassen Sie die Kinder ihren Namen mit griechischen Buchstaben auf bunte Kärtchen schreiben und hängen Sie diese anschließend im Gruppenraum aus.

Sprachen dieser Erde

Weltweit werden heute über 5.000 unterschiedliche Sprachen gesprochen. Dabei kannten die Menschen anfangs nur ganz wenige Sprachen! Doch mit der Zeit lebten immer mehr Menschen an immer mehr Orten, sodass sich die Sprachen eigenständig weiterentwickelten. Schließlich konnten sich die Menschen in Amerika nicht mehr mit denen in Europa oder Asien unterhalten. Heute haben sich Englisch, Französisch und Spanisch als Weltsprachen durchgesetzt, die in sehr vielen Ländern gesprochen und verstanden werden – neben der jeweiligen Landessprache.

Sprechen in vielen Sprachen

Wer von den Kindern war schon einmal im Ausland? Welche Sprache wurde da gesprochen? Wie kamen die Kinder mit der fremden Sprache zurecht? Gibt es in Ihrer Gruppe Kinder, die zwei Sprachen beherrschen? Wie ist es, sich in zwei Sprachen verständigen zu können? Welche Sprache ist besser oder einfacher?

Sag's in einer anderen Sprache

Übersetzen Sie den Kindern einige Wörter ins Englische. Klingt nach Meinung der Kinder das deutsche Wort »Katze« schöner oder das englische »cat«? Wie ist es mit »sugar« (Zucker) oder »street« (Straße)? Erklären Sie den Kindern, dass fast alle Wörter in allen Sprachen vorkommen. Mal reicht ein Wort, um das Ding zu benennen, mal gibt es Umschreibungen oder zusammengesetzte Wörter. Meistens klingen die Wörter sehr unterschiedlich und werden anders geschrieben. Das englische Wort »house« für »Haus« verstehen und lernen alle Kinder sofort. Aber was ist mit dem französischen Wort »maison«? Ein schwer auszusprechendes Wort. Erkennen sie, dass es ebenfalls »Haus« bedeutet?

Erklären mit Händen und Füßen

Die Kinder stellen sich vor, sie verstünden die anderen nicht, weil jedes Kind eine andere Sprache spricht. Sie wollen ein Ballspiel machen, von dem zwei Kinder die Regeln kennen, die anderen nicht. Wie erklären sie den anderen Kindern die Regeln, ohne die Sprache zu benutzen? Durch Vormachen oder Gesten? Lassen Sie ihnen Zeit! Nur reden dürfen die Kinder nicht. Wenn die Kinder wollen, dürfen sie sich auch ein eigenes Ballspiel ausdenken, das sie dann zu erklären müssen. Wichtig bei dieser Verständigung ist es, den kleinsten gemeinsamen Nenner zu finden. Daher ist es nicht förderlich, wenn sich manche Kinder absichtlich dumm stellen – würden sie das auf einem Spielplatz im Urlaub machen?

Phoenix-TV

Schauen Sie mit den Kindern Phoenix-TV. Das ist ein Fernsehsender, der neben den Nachrichtensprechern einen Gebärdensprecher zeigt. Dieser übersetzt das gerade gesprochene Wort in die Gebärdensprache. Schauen Sie sich gemeinsam solch eine Nachrichtensendung an. Die Kinder sollen dabei auf Mimik, Mundhaltung und Gebärden achten. Welche Unterschiede bei den Gebärden fallen ihnen auf? Wie empfinden sie die Mimik? Sprechen hörende Menschen auch mit so ausgeprägter Mimik? Was ist mit ihrer Körpersprache?

Verständigung ohne Hören?

Erläutern Sie den Kindern, dass Sie Ihnen jetzt etwas erzählen werden. Während Sie sprechen, sollen sie sich aber ganz fest die Ohren zuhalten und auf das achten, was Sie sagen. Dann beginnen Sie ganz normal zu erzählen. Nach ein paar Sätzen geben Sie den Kindern ein Zeichen, dass sie die Ohren wieder freigeben sollen. Haben sie verstanden, was Sie gesagt haben? Ist alles angekommen?

Gebärdensprache

Wie verständigen sich gehörlose Menschen untereinander und mit hörenden Menschen? Richtig, sie benutzen die Gebärdensprache. In Deutschland hat diese Sprache über 900 Gebärden und entwickelt sich wie die gesprochene Sprache ständig weiter. Neue Dinge wie Fotohandy oder MP3-Player brauchen schließlich einen Namen. Die Gebärdensprache ist nicht überall auf der Welt gleich. Sie kann sich sogar von Nachbarland zu Nachbarland unterscheiden. Überall gleich ist aber, dass die Gebärdensprache eine absolut eigenständige Sprache mit eigener Grammatik ist.

Die Gebärdensprache besteht natürlich aus Gebärden. Das sind Bewegungen, die mit den Händen gemacht werden. Zur besseren Verständigung formen Gehörlose mit ihrem Mund Worte oder Abkürzungen – ohne Stimme. Diese Mundbewegungen werden Mundbild genannt. Sehr wichtig sind auch Gesichtsbewegungen und -ausdruck (= Mimik)! Die Mimik gibt wichtige Informationen. Viele Adjektive werden nur durch Mimik ausgedrückt. Sie fungiert neben den Gebärden auch als Satzzeichen. Sie verrät, ob eine Aussage gemacht, eine Frage gestellt oder ein Befehl gegeben wird. Leider klappt die Verständigung über Mimik mit Hörenden nur sehr schlecht, da sie ihre Mimik kaum oder gar nicht mitsprechen lassen.

Telefongespräche

Viele Kinder erzählen gern, was sie Aufregendes erlebt haben – zumindest solange es positiv war oder gut ausging. Spielen Sie solche Telefongespräche in Rollenspielen nach. Bevor Sie starten, sollten Sie mit den Kindern einige Spielregeln vereinbaren, zum Beispiel »ausreden lassen«, »zuhören« und »nachfragen«!

Was ich erlebt habe

Zwei Kinder setzen sich Rücken an Rücken auf zwei Stühle. Damit die Situation möglichst echt wirkt, bekommt jedes Kind ein Spielzeugtelefon oder ein ausrangiertes Gerät. Lassen Sie die Kinder bestimmen, wer anruft. Nach der Begrüßung beginnt der Anrufer zu erzählen, was er erlebt hat. Lassen Sie das Gespräch laufen, solange es nicht stockt. Fragen Sie die beiden Kinder anschließend, was sie sich erzählt haben. Was haben sie in Erinnerung behalten?

Wir verabreden uns

Das Telefonieren ist auch hilfreich, um kurzfristige Absprachen zu treffen oder sich zu verabreden. Wer möchte das Verabreden am Telefon denn mal vormachen? Ein Kind geht in Begleitung einiger anderer Kinder kurz vor die Tür. Die übrigen Kinder denken sich etwas ganz Besonderes aus, zum Beispiel eine Einladung zu einer Ballonfahrt. Ein Termin muss natürlich auch gefunden werden. Dann wird das wartende Kind hereingerufen. Das Telefon klingelt. Kann der Anrufer seinen Vorschlag so formulieren, dass das andere Kind versteht, worum es geht? Wird der Termin genannt und verstanden? Beide Kinder beenden das Gespräch. Dann ruft das angerufene Kind ein Kind seiner Gruppe herein und flüstert ihm die Verabredung ins Ohr. Dieses Kind ruft das nächste Kind in den Raum und informiert es per Telefon über die Verabredung. Stimmen Art der Verabredung und Termin mit der ursprünglichen Idee überein?

Ein Notruf

Telefonieren ist nicht nur ein angenehmer Zeitvertreib, sondern kann in Notfällen auch helfen. Aber wissen die Kinder, was sie in einem Notfall sagen müssen? Vorsicht ist natürlich bei Kindern angebracht, die tatsächlich schon einmal eine Notfallsituation erlebt haben.

Lassen Sie die Kinder verschiedene Situationen überlegen, in denen ein Notruf gemacht werden muss. Pro Runde spielen jeweils zwei Kinder zusammen und sitzen beim Telefonieren Rücken an Rücken. Eines spielt den Anrufer und eines die Notrufzentrale. In der ersten Runde übernehmen Sie die Rolle der Notrufzentrale. Ganz ruhig fragen Sie nach Straße, Hausnummer und Stockwerk oder bei einem Unfall im freien Gelände, wo ungefähr der Unfall stattfand. Fällt den Kindern noch mehr ein, was sie sagen müssen? Oder hat das anrufende Kind zuviel erzählt? Nach jedem Anruf gibt es eine Lob- und Kritikrunde, ehe das nächste Pärchen an die Reihe kommt.

Telefontraining für den Notfall

Institutionen wie der Kinderschutzbund oder die Diakonie bieten spezielle Trainingkurse für Kinder an, um das richtige Verhalten in Notfällen einzuüben. Nutzen Sie diese Angebote und bestellen Sie die Materialien dieser Stellen oder laden Sie einen Trainer ein.

Gedichte und Silbensalat

Fähigkeiten wie das genaue Hinhören und das konzentrierte Sprechen lassen sich sehr schön mit den Angeboten dieser Seite trainieren.

Quatschgedichte hören und lernen

Quatschgedichte bestehen selten aus sinnvollen Wörtern. Sie müssen sich nicht reimen! Das ist auch nicht wichtig. Wichtig ist, dass sich das Quatschgedicht gut anhört und nachzusprechen ist!
Lesen Sie den Kindern Gedichte von Christian Morgenstern oder Ernst Jandl vor, die sie nachsprechen können. Danach erfinden sie eigene Quatschgedichte. Wenn die Kinder mehrere Quatschgedichte gereimt haben, machen sie daraus ein langes Gedicht. Können sie es auswendig lernen? Das gibt eine tolle und lustige Vorstellung vor den anderen Kindern und den Eltern! Hier ein paar Beispiele:

Kusi tusi fusi maus,
nuschel buschel kuschel haus,
tecka mecka gecka klaus,
nalter falter kalter schmaus.

Tafennder bobule masch
nennder.
Quaruffel voli kula schennler.
Makilölö taya lö wennper.
Aschkara mugaza tokennler!

Tipp: Schreiben Sie die Gedichte mit den Kindern auf ein möglichst großes buntes Papier. Das regt auch Eltern und ältere Kinder zum Nachsprechen an!

Silbensalat

Bei diesem Spiel kommt es auf das genaue Hören an und das wird nicht gerade einfach gemacht! Ein Kind ist der Zuhörer, drei andere Kinder sind die Sprecher. Aber jedes Kind spricht nur eine Silbe. Die sprechenden Kinder überlegen sich heimlich ein Wort mit ganz vielen Silben und besprechen, wer welche Silbe spricht. Es dürfen aber keine Fremdwörter gesagt und keine neuen Wörter erfunden werden! Hat ein Wort wie »Son-nen blumen-kern« mehr Silben als Kinder, holen sie sich einfach weitere Sprecher zur Verstärkung.
Haben sich die Sprecher geeinigt, stellen sie sich nebeneinander auf. Sobald der Zuhörer das Startkommando gibt, beginnen alle Sprecher auf einmal ihre Silbe zu sagen und wiederholen sie immer wieder. Das hörende Kind muss die einzelnen Silben heraushören und daraus ein sinnvolles Wort zusammensetzen. Es darf dabei von Kind zu Kind gehen und auf jede einzelne Silbe hören. Wenn das hörende Kind das Wort erkannt hat, ist die nächste Gruppe dran. Diesmal darf der Zuhörer bei den Sprechern mitspielen.

Reime aus dem Stegreif

Zur Vorbereitung füllen Sie einen Korb mit selbst gesammelten Naturmaterialien (Blätter, Zweige, Blumen, Steine, Gras) und einen mit Materialien aus dem Gruppenraum (Perlen, Wolle, Knete, Holzbausteine).
Zu Beginn des Spiels nehmen Sie aus jedem Korb einen Gegenstand und formulieren einen Reim, in dem die beiden Gegenstände vorkommen. Vielleicht erfinden Sie ja einen Quatschreim. Danach geht es reihum weiter, bis jedes Kind einen Reim erfunden hat. Natürlich macht es nichts, wenn das Versmaß nicht stimmt oder es sich nicht wirklich reimt. Damit sie den Rhythmus der Gedichte besser finden, dürfen sie dazu mit den Füßen stampfen – klatschen können sie ja nicht, weil sie je zwei Gegenstände in den Händen halten.

Der Stein hier ist ganz klein,
die Feder aber fein.
Stift, Stift, Stift und Stein,
große Leute war'n mal klein.

Botschaften der Natur

Was ist eine Riechorgel?

Was hat eine Riechorgel mit einer Kirchenorgel gemeinsam? Haben die Kinder eine Idee oder wissen sie es? Hat sie vielleicht mit Musik zu tun? Erklären Sie den Kindern nach einiger Zeit des Überlegens die Lösung: Der Arbeitsplatz des Parfümeurs (das ist der, der ein Parfüm erfindet) heißt Riechorgel, weil hier alle zum Mischen benötigten Riechstoffe übersichtlich in Fläschchen abgefüllt und aufgebaut sind – so wie bei einer Orgel. Manche Parfümeure haben eine Riechorgel mit 200 verschiedenen Riechstoffen.
Um den Kindern den Aufbau einer Orgel zu verdeutlichen, besuchen Sie mit ihnen eine Kirche. Was fällt ihnen bei der Anordnung der Orgelpfeifen auf?

Materialien für die Riechorgel

Fragen Sie die Kinder, welche natürlichen Düfte sie kennen und welche sich in einem Glas aufbewahren lassen. Je nach Jahreszeit gibt es unterschiedliche, stark riechende Dinge – Rosen, Nelken, Heu, Raps, Erdbeeren, Mandarinenschalen oder Herbstlaub. Einige duftende Dinge gibt es aber auch jederzeit zu kaufen: Zimtstangen, Gewürznelken, Schokolade, Vanillezucker. Sammeln Sie alle Vorschläge und bitten Sie die Kinder, einige Materialien und kleine Gläschen von zu Hause mitzubringen.

Vorbereitungen für die Riechorgel

In welcher Form sollen die Duftstoffe in den Gläsern aufbewahrt werden? Getrocknet natürlich, sonst schimmeln die frischen Blüten oder die Schalen der Zitrusfrüchte. Also säubern und trocknen die Kinder ihre Materialien so, dass sie in die Gläser können. Nach diesen Vorbereitungen müssen nur noch die Gläser befüllt und verschlossen werden!
Nun fehlt noch ein Gestell für die Gläschen. Die Kinder zeichnen die Umrisse der Gläschen im Abstand von drei bis vier Zentimeter auf ein Stück Pappe. Das sind die Träger. In die Löcher werden später die Gläser gestellt. Die aufgemalten Kreise ausschneiden oder ausprickeln. Dann an den Ecken Ständer ankleben, dazu für jeden Träger vier genau gleich lange Stücke Pappe abschneiden. Die Länge richtet sich nach dem kleinsten Glas und sollte etwa drei Zentimeter aus dem Träger herausschauen. Die Knickkanten werden an den Träger geklebt. Am besten tragen die Kinder die genauen Knicklinien auf den Trägern ab, damit alle wirklich gleich lang sind. Jetzt alles zusammenkleben und nach Wunsch anmalen. Nun noch die Gläschen hineinstellen – fertig!

Die Länge der Träger berechnen Sie nach folgendem Beispiel:
4 cm Abstand zwischen Boden und Träger
2 cm Knickkante oben
2 cm Knickkante unten
8 cm Gesamtlänge der Träger

Düfte beschreiben

Nun wird es noch schwieriger. Die Kinder erweitern ihre Riechorgel mit weniger bekannten Duftstoffen, zum Beispiel mit Badesalz, Bienenwachs, Lederresten, Gartenerde, Zahnpasta oder Papiertaschentüchern.
Wer will anfangen? Das erste Kind stellt sich mit verbundenen Augen vor die erweiterte Riechorgel. Ein anderes Kind öffnet ein Glas und hält es ihm unter die Nase. Das Kind mit verbundenen Augen muss den Duft erraten, indem es ihn beschreibt! Die anderen Kinder dürfen nur mit »Richtig« oder »Falsch« antworten. Lassen Sie sich überraschen, welche Begriffe den Kindern einfallen, um einen Geruch zu beschreiben.

Vögel live hören!

Gehen Sie mit den Kindern in die Natur – am besten morgens, wenn die Vögel besonders aktiv sind. Die Kinder sollen dort beobachten, ob bestimmte Töne mit besonderen Aktionen verbunden sind. Wie klingt es, wenn sich die Vögel streiten? Können sie die Vögel erkennen und die Rufe zuordnen? Entdecken sie die Männchen und die Weibchen? Spielt das eine Rolle bei den Rufen?

Variation: Die Kinder zeichnen die verschiedenen Vogelstimmen mit einem Kassettenrekorder auf. Hilfreich für die spätere Auswertung der Tonaufnahmen ist es, wenn die sie die Vögel dabei auch gleich mit einer Digitalkamera fotografieren. So lassen sich die beobachteten Vögel noch sicherer bestimmen und mit den Informationen in den Sachbüchern vergleichen.

Ameisen beobachten

Gehen Sie im Wald etwas abseits vom Weg. Hocken Sie sich alle auf den Boden und lassen Sie die Kinder schauen, ob sie dort kleine Lebewesen entdecken. Sehen sie die Ameisen, die gerade ein paar Nahrungsmittel transportieren? Sie sind ein hervorragendes Beispiel für Verständigung unter Insekten: Wenn sich zwei Ameisen begegnen, können sie ohne Worte miteinander reden. Sie erkennen sich am Geruch und beklopfen sich mit ihren Fühlern. Wo Nahrung ist, markieren sie mit Duftspuren, sodass die anderen Ameisen die Nahrung auch finden. Der Weg zurück ins Nest wird ebenfalls markiert. Selbst im Dunkeln finden die Ameisen auf diese Weise immer den richtigen Weg! Ameisen können sogar riechen, wo es Wasser gibt – schlaue Tierchen!
Zurück im Kindergarten bitten Sie die Kinder, doch mal zu erzählen, wie sie die Beobachtungen fanden und was sie von den kleinen Lebewesen halten. Vielleicht haben sie ja auch Lust, sie zu zeichnen?

Was uns die Bücher lehren

Suchen Sie mit den Kindern in verschiedenen Sachbüchern heraus, wie sich Vögel unterhalten und was sie sich zu sagen haben. Dabei erfahren die Kinder, welche Vögel bei uns heimisch sind und was sie voneinander unterscheidet. Doch zu welcher Tages- und Jahreszeit zwitschern, trällern und pfeifen die Vögel am meisten? Vielleicht können einige Kinder sogar einen Vogelruf imitieren?

Wasserspiele

Stellen Sie sich mit den Kindern beim nächsten Regenschauer unter einen großen Baum. Lassen Sie die Kinder mal mit und mal ohne Regenschirm auf die Regentropfen lauschen. Spüren sie die Regentropfen auf der Kapuze? Wie fühlt sich das an?
Halten Sie nun einige Blechdosen und danach einige Plastikbecher in den Regen. Wie ist der Klang? Achten Sie darauf, dass alle Kinder einmal alle Gegenstände ausprobieren. Fragen Sie sie nach ihren Eindrücken. Was fällt ihnen ein, wenn sie den Regen so prasseln hören: Ein Lied, ein Gefühl, ein Satz oder etwas ganz anderes?

Gefühle erkennen und zeigen

Gefühle beobachten

Kinder lassen ihren Gefühlen meist spontan ihren Lauf und zwar mit dem ganzen Körper. Fragen Sie die Kinder, wann sie besonders glücklich oder wütend sind. Wo im Körper spüren sie Freude, Wut und Trauer? In den Augen, im Hals, im Bauch? Waren die Kinder auch schon mal beleidigt? Wie fühlen sie sich dann? Und wenn sie verlegen sind? So wie jetzt vielleicht?

Mein Gefühl steckt in meinem Körper

Zeigen Sie den Kindern einige Smiley-Bilder. Erraten sie, welches Gefühl jeweils angesprochen ist? Fallen den Kindern weitere Gefühle ein, die nicht dabei sind? Nun sollen die Kinder wie die Smiley-Gesichter schauen. Wer traut sich zu, ein ganz wütendes Gesicht zu machen? Die anderen Kinder beobachten das »wütende« Kind. Dabei achten sie besonders auf seine Körperhaltung und seinen Gesichtsausdruck.
Nach einiger Zeit darf sich ein anderes Kind ein Smiley-Gesicht aussuchen und es darstellen. So geht es weiter, bis alle Smileys zum Leben erweckt wurden. Können die Kinder jetzt Unterschiede zwischen den Gefühlen benennen? Wie veränderte sich die Haltung der Hände und Schultern? Welche Form hatte der Mund? Was haben die zuschauenden Kinder selbst gefühlt?

Fuß-Stampf-Spiel

Alle Kinder stellen sich im großen Kreis auf, sodass viel Platz zwischen den Kindern bleibt. Sie sollen die Gefühle der Smiley-Gesichter mit Stampfen darstellen. Das ist gar nicht so leicht. Wut mit Stampfen darzustellen ist ja einfach, aber fröhlich sein? Und traurig sein? Falls keines der Kinder eine Idee hat, zeigen Sie ihnen, wie so eine Fuß-Stampf-Runde aussehen kann. Bewegungen des Körpers sind natürlich erlaubt!
Fragen Sie die Kinder, welche Gefühle sie zuerst ausdrücken wollen. Entsprechend sortieren Sie die Smileys. Wenn Sie ein Blatt wechseln, verändern die Kinder ihre gezeigten Gefühle. Dann legen Sie los! Machen Sie beim ersten Gefühl noch mit, damit die Kinder ihre Scheu verlieren und genau verstehen, was gemeint ist.
Am Schluss setzen Sie sich mit den Kindern in einen Kreis auf den Boden und fragen sie, welches Stampfen sie am besten fanden. Welches Gefühl war schwierig mit Stampfen auszudrücken? Wie hat sich das angefühlt? War das fröhliche Stampfen angenehm oder hätten sie lieber fröhlich getanzt?

Fuß-Stampf-Spiel mit Musik

Musik eignet sich bestens, um Stimmungen auszudrücken. Sehr passend sind die »Bilder einer Ausstellung« von Modest Mussorgsky. Es gibt langsame und traurig klingende sowie lebhafte, fröhlich klingende Passagen und bei einigen Stellen können sich die Kinder bewegen, als wären sie »beleidigt«. Probieren Sie es aus!

Wutkissen

Viele Kinder streiten sich schon mal, einige auch häufiger. Manchmal sind sie so wütend, dass sie andere Kinder schlagen und treten. Fragen Sie die Kinder, was sie manchmal so wütend macht, dass sie sich streiten oder gar schlagen. Können sie sich auch vorstellen, ihre Wut mit einem Wutkissen loszuwerden? Das kann jeder hauen oder an die Wand werfen. Zeigen Sie den Kindern ein (altes) Schaumstoffkissen mit Bezug, den sie mit Stoffmalfarben bemalen dürfen – am besten malen sie ein wütendes Gesicht oder schrille Farben. Dann suchen sich die Kinder im Gruppenraum einen Platz, an dem das Kissen immer liegen sollte.

Von Frieden und Verständigung

Die Kinder haben schon gehört, dass das Wort Verständigung einen positiven Klang hat. Zur Verständigung gehören das Verstehen-Wollen und der Willen zur Einigung. Das beginnt im Kindergartenalltag und geht bis zur Verständigung ganzer Völker. Verständigung verhindert oder beseitigt Missverständnisse, Konflikte und Vorurteile. Das wiederum verhindert Kriege und Auseinandersetzungen.

Friedensgirlande

Aus vielen bunten Blättern gestalten die Kinder eine Friedensgirlande für ihren Gruppenraum. Die Kinder dürfen ihre Vorstellungen zu »Frieden« und »Verständigung« malen, mit wenigen Worten beschreiben oder mit Bildern aus Zeitschriften darstellen. Natürlich können sie die Materialien auch kombinieren. Jeweils zwei Kinder bearbeiten gemeinsam ein Blatt – entweder übernimmt jedes eine Hälfte des Blattes (auf der gleichen Seite!) oder sie gestalten das ganze Blatt zusammen! Die Kinder sollten in jedem Fall berücksichtigen, dass das Blatt nach dem Bemalen gefaltet und an der Oberkante gelocht wird. Sind alle Bilder fertig, werden sie aufgefädelt. Soll zwischen den Bildern ein deutlicher Abstand bleiben, fädeln Sie bemalte Toilettenpapierrollen dazwischen.
Zum Schluss betrachten die Kinder ihre Girlande und erklären, was sie sich bei den Bildern, Worten oder Collagen gedacht haben.

Was ist Frieden?

Leider werden auch unsere Kinder immer wieder mit Nachrichten und Berichten über blutige Auseinandersetzungen und Kriege konfrontiert. Was wissen sie darüber? Können sie erklären, was Frieden ist? Frieden zu Hause, Frieden zwischen den Völkern?

Variation: Einige Kinder spielen immer wieder Krieg. Warum bereitet ihnen das so viel Spaß? Was empfinden die anderen Kinder bei diesen kriegerischen Spielen?

Wir verstehen uns nicht

»Gib mir mal das Abeldubeldings.« »Spiel bloß nicht den smarten Mr. Nice-Guy!« Klar, so wird niemand mit einem Kind sprechen, aber so ähnliche Sätze haben die Kinder sicherlich schon öfters gehört. Sprechen Sie die Kinder mit diesen und ähnlichen Sätzen an. Wie reagieren sie? Wie fühlen sie sich dabei? Wenn wir nicht verstehen, was jemand meint, sind wir irritiert und ein wenig hilflos – schließlich will jemand etwas von uns und wir wissen nicht genau was! Was können die Kinder ihrer eigenen Meinung nach in einer solchen Lage tun?

Wir verstehen uns prima!

Verstehen sich die Kinder in Ihrer Gruppe auch prima? Probieren Sie es aus. Alle Kinder suchen sich einen Partner und überlegen, was sie gemeinsam aufführen wollen: ein Lied, ein Gedicht, eine Mini-Pantomime. Nachdem sie einige Zeit zum Proben hatten, beginnt die Aufführung!
Wie haben sich die Kinderpaare zu Beginn ihres Vortrags verständigt – durch Nicken, kurze Blicke oder Anstupsen? Machen Sie ihnen diese Verständigung bewusst.
Im täglichen Leben ist das sehr wichtig, wenn wir uns verstehen wollen.

Nora und die kleine Maus

Erzählen Sie den Kindern die Geschichte von Nora, der kleinen Maus. Besprechen Sie danach, wie sie die Geschichte empfunden haben: Waren sie zwischendurch wütend, ängstlich, froh, gespannt? An welchen Stellen? Hätten sie etwas anders gemacht als die Mäuse in der Geschichte? Glauben die Kinder, dass sich die Mäuse jetzt verstehen? Warum?

Nora ist eine kleine graue Maus. Sie heißt Nora, weil ihre Schwanzspitze ganz schwarz ist. Ihre Schwestern heißen Nelli und Belli. Sie nehmen Nora nie mit, wenn sie auf den Platz an der Straßenecke zum Spielen gehen. Dort lassen die Menschen immer ihren Müll liegen und so finden die Mäuse oft etwas Leckeres zu fressen. Andere Mäuse laufen auch zum Fressen dorthin, mit denen streiten sich Noras Schwestern dann. Manchmal prügeln sie sich sogar. Nelli und Belli gewinnen immer, weil sie sehr kräftig sind. »Im Krieg sein« nennen sie das.
Wenn die Schwestern wiederkommen, erzählen sie Nora von ihren Abenteuern.
»Da war eine Flasche mit noch was drin«, sagt Nelli heute, »da wollte ich mich reinquetschen, aber Belli hatte die Idee, die Flasche hinten anzuheben, damit das Zeug vorne raus läuft. Das war cool! Lecker war das, stimmt's, Belli?« Belli nickt.
»Und dann kamen die blöden anderen Mäuse«, sagt sie jetzt, »die wollten auch was haben, aber denen haben wir's gezeigt! Immer wollen die an unsere Sachen!«, empört sich Belli. »Und dann das Gequatsche – die können dir im Nullkommanix einen Knoten in den Schwanz labern! Stimmt doch, Nelli?!«
Belli stupst ihre Schwester an. »He, was ist los?« Nelli hat gar nicht zugehört. Sie hat Richtung Ausgang der Mäusehöhle geschaut. Dort hat sich etwas bewegt.
»Nora, geh mal gucken«, sagt Nelli. Sie sagt es nicht freundlich, aber das ist Nora gewohnt. »Ist es gefährlich?«, fragt sie. Die Schwestern lachen. »Würden wir dich sonst schicken?«, antworten sie.
Nora ist den Tränen nahe, aber sie nimmt ihren Mut zusammen und geht Richtung Ausgang. Erst sieht sie nichts, dann schauen ihr zwei kleine schwarze Äuglein über einer zitternden Mäusenase genau in die Augen. »Hhhhilfe!« »Was?«, fragt Nora. »Jjja, mein Bruder ist in die Flasche gekrochen, also die da hinten, wo die anderen ... und jetzt kommt er nicht mehr rrr... – also er steckt irgendwie fest!«, sagt die kleine Maus.
Nora überlegt schnell. »Was können wir da tun?«, fragt sie. »Zzziehen!«, sagt die kleine zitternde Maus. »Am Schwanz rückwärts rrrrrausziehen!« Nora seufzt. »Okay, ich helf dir, aber warum zitterst du so?«
»Die Kkkkkatze sitzt vor der Fffffflasche und rollt sie hin uuuuund her!« Nora wird bis in die Schwanzspitze blass. »Äh, dann vielleicht eher nicht ...«

Aus dem Inneren ruft Nelli genervt: »Was ist jetzt, Nora?!« Nora starrt die kleine Maus an und sagt nichts. Nelli läuft zu ihr und sieht die zitternde Maus. »Was willst du denn hier?«, schnauzt Nelli sie an. Nora antwortet für die kleine Maus: »Ihr Bruder steckt in der Flasche, von der ihr erzählt habt, und kommt nicht raus, und die Katze sitzt davor und rollt die Flasche hin ...«
Nelli lacht hämisch: »Geschieht euch recht, was lungert ihr auch an unseren Plätzen rum! Haut ab! Hättet ihr gehört ...«
Die kleine zitternde Maus fängt an zu weinen: »Aber wwwwo sollen wir denn sonst hingehen? Wir kkkkennen hier doch niemanden außer euch!« »Wir sind aber im Krieg mit euch! Schon vergessen?«, brüllt Belli jetzt, die sich hinter Nelli gestellt hat. »NNnnein!«, jammert die kleine Maus. »Wir können ihren Bruder doch nicht einfach da lassen!«, sagt Nora jetzt mit wütender Stimme. »Was hat er uns denn eigentlich getan?«
Nelli zieht die Augenbrauen hoch. »Dir ja sowieso nichts, du darfst ja nicht mit, wenn ich dich noch mal daran erinnern darf.« Sie macht eine Pause und denkt nach. »Und gegen die Katze können wir eh nichts machen«, sagt sie schließlich und dreht sich um. »Doch, können wir!«, ruft Nora ihr nach. Die Schwestern schauen sie erstaunt an. »Wie denn?«, fragen sie. »Wir lenken die Katze ab!«

Stille.

Dann reden Belli und Nelli auf einmal los. »Ich bin doch nicht lebensmüde!« »Jetzt ist sie übergeschnappt!« »Wie soll das denn

gehen?!« Nora zittert jetzt auch, aber sie atmet tief durch und sagt: »Zwei von uns zeigen sich rechts, die andere links von der Katze, aber so, dass wir schnell in ein Loch huschen können, wo die Katze nicht hinterher kann. Und wenn sie in unsere Richtung springt, ziehst du deinen Bruder raus. Schaffst du das alleine?«, fragt sie die kleine Maus. »Oooooh, ich wwwweiß nicht ...«, jammert die.
Nelli hat jetzt genug. »Ihr wollt unser Futter, ihr nervt uns mit eurem Gelaber, und jetzt, wo wir euch vielleicht helfen wollen, wwwweißt du

Die kleine Maus zeigt Nora den Weg, und beide gehen dicht an der Mauer entlang. »Da ist sie!« Nora hält den Atem an. Sie sieht die Flasche, in der etwas kleines Braunes hockt, und die Katze, die vor der Flasche sitzt und mit einer Pfote die Flasche dreht – von rechts nach links – von links nach rechts – und wieder zurück – und noch mal. Noras Nackenhaare sträuben sich. Aber die Nackenhaare der Katze auch!
Nora und die kleine Maus strecken schnuppernd die Nasen in die Luft – »Ein Hund!«, sagen beide wie aus

Hund zurückhalten wollte! Die Flasche rollt an Nora und der kleinen Maus vorbei, sie stürzen hinterher und befreien den Bruder der kleinen Maus, der schon halb tot ist vor Angst. Schnell huschen sie zurück zu Noras Mäuseloch und lassen sich dort auf den Boden fallen. Alle drei zittern.

Nelli und Belli kommen vorsichtig näher. »Ihr – habt es geschafft?!«, fragt Nelli. Belli reibt sich die Augen: »Ihr seid unverletzt?!« Nora schnaubt. »Danke für eure rührenden Fragen! Hättet ihr uns wohl

nicht?«, äfft sie die kleine Maus nach. Die kleine Maus weint wieder. Nora richtet sich auf und sagt leise zu Nelli: »Erwarte nicht, dass dir jemand hilft, wenn du in Not bist.« Nelli zuckt zusammen und sieht Nora erstaunt an. Nora dreht sich zu der kleinen Maus um und flüstert ihr zu: »Hab' keine Angst, wir kriegen deinen Bruder heil da raus. Jetzt reiß dich aber zusammen, okay?« Die kleine Maus nickt schluchzend und hebt den Kopf ein wenig. »Wir gehen jetzt und helfen deinem Bruder.«

einem Munde. Und schon kommt der Hund in Sicht – er zerrt an seiner Leine, er knurrt, kläfft, zieht, aber er kommt nicht an die Katze heran. Die geht lieber auf Nummer sicher und springt auf das nächste Mäuerchen.
Der Hund zerrt an der Leine und plötzlich ist er auch auf dem Mäuerchen. Die Leine schleift hinter ihm her. Nora sieht gerade noch einen riesigen Fuß an sich vorbeischliddern – der Mensch am anderen Ende der Hundeleine ist auf der Flasche ausgerutscht, als er den

nicht zugetraut, oder?« Nelli und Belli schauen bestürzt zu Boden. »Ab morgen gehe ich mit den beiden hier raus zum Spielen, sie haben nämlich einfach nur jemand zum Spielen gesucht, aber ihr wolltet ihnen ja nicht mal zuhören! Und mit der Prügelei ist dann auch Schluss!«, sagt Nora.
Seit diesem Tag spielen alle fünf zusammen und teilen auch das Futter, das sie finden. Und was gespielt wird, dürfen alle mal bestimmen!

Rollenspiel: Die Heilerin und der König

Kündigen Sie den Kindern eine Geschichte an, in der sie spontan mitspielen sollen. Sobald Sie auf ein Kind zeigen, schlüpft dies in die Rolle der Person, von der Sie gerade vorlesen! Die Kinder selbst sprechen nicht mit. Sie drücken nur mit Körper und Gesicht aus, was sie spielen.

Stellt euch vor, ihr seid ***Königin*** *und* ***König****. Euer Königreich ist nicht sehr groß, aber schön. Es gibt viel Wald, saubere Flüsse, Äcker, auf denen alles wächst und im Winter ist es auch nicht zu kalt. Eure Bürger sind fleißig und zahlen ehrlich ihre Steuern an euch.*
Eines Tages kommt ein ***Reiter*** *zum* ***König****: »Oh mein König, der Prinz von Agaga möchte Euch besuchen; er sagt, es geht um eine Heilerin!«*
Der ***König*** *schaut den* ***Reiter*** *ungläubig an, schüttelt den Kopf und sagt: »Gut, soll er kommen.«*

Also reitet der ***Reiter*** *wieder davon und kommt mit dem* ***Prinz*** *von Agaga wieder. Der kniet vor dem* ***König*** *nieder, beugt den Kopf und sagt: »Oh fremder König, in Eurem Wald wohnt die Heilerin Xafina, die sagt, sie kann alle Kranken heilen!«*
Der ***König*** *schaut den* ***Prinzen*** *ungläubig an und sagt: »Jaja, weiß ich, aber das ist eigentlich ein Geheimnis! Wie habt Ihr davon erfahren?«*
Der ***Prinz*** *antwortet: »Sie hat es mir selber gesagt!«*
Der ***König*** *springt auf. Er ruft: »Ha, das kann sie gar nicht! Sie ist stumm, sie spricht nie! Ihr habt eine Betrügerin getroffen!«*
Der ***Prinz*** *schaut ratlos auf den Boden. »Aber, wer ist die Frau dann?«*
Der ***König*** *setzt sich wieder und zuckt die Schultern. »Geht und findet es selbst heraus«, rät er. Der* ***Prinz*** *und der* ***Reiter*** *gehen wieder.*

Der ***König*** *ruft seinen* ***Berater*** *zu sich, weil der immer Rat weiß. Der* ***König*** *sagt dem* ***Berater****, was er gerade gehört hat und fragt: »Was kann ich tun? Xafina kann wirklich nicht sprechen, sie kann es nicht sein!«*
Der ***Berater*** *legt die Hände hinter den Rücken und geht langsam hin und her.*
Die ***Königin*** *kommt herein und bringt dem* ***König*** *einen Apfel. Sie geht wieder, und der* ***König*** *isst den Apfel.*

Die ***Magd*** *des Königs kommt herein. Sie bringt seinen Tee, dann geht sie wieder.*
Der ***König*** *trinkt den Tee.*
Der ***Berater*** *geht immer noch hin und her.*
Schließlich hat der ***König*** *genug. Er steht auf und sagt: »Was meint Ihr?«*
Der ***Berater*** *wackelt mit dem Kopf und sagt: »Tja, Eure Hoheit, fragt Xafina selbst!«*
Der ***König*** *brummt »Hätt' ich auch selbst drauf kommen können« und klatscht in die Hände. Ein* ***anderer Reiter*** *erscheint. »Geh und such Xafina«, sagt er. »Bring sie her!«*
Der ***Reiter*** *reitet davon, der* ***Berater*** *geht auch.*

Der ***König*** *ruft die* ***Königin****. »Bald wird Xafina kommen, bitte sprich du mit ihr, sie mag dich mehr als mich.«*
Die ***Königin*** *nickt und setzt sich, der* ***König*** *stellt sich hinter sie.*
Bald kommt der ***Reiter*** *mit Xafina. Sie verbeugt sich vor der* ***Königin****.*
Der ***Reiter*** *reitet davon.*

*Die **Königin** fragt: »Xafina, wie geht es dir?«*
*Die **Heilerin** sagt: »Gut, danke, und Euch?«*
*Die **Königin** öffnet überrascht den Mund und schließt ihn wieder. »Ihr sprecht?«*
*»Ja, Königin«, antwortet **Xafina**.*
*»Aber seit wann? Ich dachte ...«, stammelt die **Königin**.*
*»Ich habe mich selbst geheilt«, sagt **Xafina**. »So verstehen mich viel mehr Leute, und ich kann noch mehr helfen!«*
*Die **Königin** lächelt und dreht sich zum **König** um.*
*Der **König** denkt eine Weile nach, dann schlägt er sich an die Stirn: »Der Prinz wollte mir doch sicher noch mehr sagen als nur, dass eine Heilerin in meinem Wald lebt!« Er ruft den **Berater** und schickt ihn mit dem ersten **Reiter** los, um den Prinzen zu suchen.*

*Als **Berater, Reiter** und der **Prinz** kurz darauf wieder beim **König** erscheinen, haben sie eine **alte Frau** dabei. Der **König** fragt: »Lieber Prinz, was wolltet Ihr mir denn eigentlich vorhin sagen?«*
*Der **Prinz** verbeugt sich und sagt: »Meine arme Mutter hier, Madame de Agaga, ist krank. Kein Arzt kann helfen, und da wollte ich fragen, ob ich sie zu Eurer Heilerin bringen dürfte!«*
*Der **König** schämt sich, dass er vorhin vor lauter Betrüger-Gedanken nicht nach dem Grund für seinen Besuch gefragt hat. Er sagt zur Mutter des Prinzen: »Entschuldigt, Madame, Euer Sohn ist besorgt um Euch, nun sollt Ihr nicht länger auf Hilfe warten! Xafina, sieh, ob du helfen kannst!«*
***Xafina** ergreift die Hände der **Mutter** des Prinzen. Sie murmelt etwas vor sich hin, und die **Mutter** sagt: »Oh ja«. **Xafina** flüstert dem **Prinzen** etwas ins Ohr. Der **Prinz** nickt. Er verlässt mit seiner **Mutter** das Schloss, und sie reiten nach Hause.*

*Der **König** dreht sich zur **Heilerin** und sagt: »Danke! Kann ich etwas für dich tun?«*
***Xafina** verbeugt sich vor dem **König** und sagt: »Ja, König, ich möchte mit jemandem sprechen üben! Ich konnte lange nicht sprechen und lebte allein. Ich kann nicht gut sprechen.«*
Der König lächelt und sagt: »Ich kenne ein Kind, das gerne spricht und schöne Geschichten erzählen kann, das aber auch gut zuhört. Das sollte für euch beide gut sein. Seine Eltern leben in einem großen Haus, du kannst dort sicher auch wohnen und in der Stadt arbeiten. Das würde den Bürgern helfen, sie haben zu wenig Ärzte.«
***Xafina** freut sich so sehr, dass sie den **König** und die **Königin** umarmt. Alle lachen und gehen gemeinsam hinaus.*

Können die Kinder die Geschichte nacherzählen? Oder waren sie so gespannt auf ihren nächsten Einsatz, dass sie nur auf Worte, aber nicht auf Inhalte geachtet haben? Wenn die Kinder wollen, lassen Sie sie die Geschichte noch einmal mitspielen, diesmal mit anderer Rollenverteilung.

Wunderwerk Ohr

Viele Menschen sind häufig starkem Lärm ausgesetzt oder hören gern laute Musik. Das muss nicht gleich gesundheitsschädlich sein. Aber auf Dauer leiden die Ohren unter dieser Belastung. Die feinen Härchen im Innenohr, die zum Hören wesentlich sind, verkleben oder verlieren ihre Festigkeit, sodass sie schließlich abbrechen. Da die Härchen nicht nachwachsen, geht so die Hörfähigkeit verloren. Um das zu verhindern, müssen Menschen, die bei ihrer Arbeit starkem Lärm ausgesetzt sind, Ohrenschützer tragen.

Ohren schlafen nicht

Eröffnen Sie dieses Projektthema mit einer scheinbar simplen Frage: Können wir **nicht** hören? Klar, wenn wir uns die Ohren zuhalten! Aber wie ist es im Schlaf, oder wenn wir in ein Buch vertieft sind? Richtig, wir hören immer, denn wir können die Ohren nicht abschalten oder einfach wie unsere Augen schließen. Warum ist das so? Vielleicht nennen die Kinder schon die wichtigsten Gründe: Das Ohr warnt uns vor Gefahren. Von hinten herannahende Autos können wir nicht sehen, hören sie aber. Nachts im Schlaf riechen und sehen wir nichts, aber unsere Ohren achten auf Geräusche. Und morgens wecken uns die Ohren mit dem ersten Vogelgezwitscher.

Das Ohr und der Lärm

Die Kinder haben festgestellt, dass sie ihre Ohren nicht verschließen können. Das hat zwar Vorteile, aber welche Nachteile sind damit verbunden? Ein plötzlicher Knall, eine heulende Sirene oder eine laute Hupe werden vom Ohr ungeschützt aufgenommen, denn mit den Ohren können wir nicht wie mit den Augen blinzeln. Zeigen Sie den Kindern die Folgen in einem Experiment mit bruchsicheren Gegenständen, die unterschiedliche Geräusche machen. Geeignet sind Kataloge, Plastikbecher, Blechdosen, Löffel, Steine, Äste oder Kastanien.
Stellen Sie vier Stühle nebeneinander auf, sodass die Rückenlehnen zur Gruppe zeigen. Darauf nehmen vier Kinder Platz und halten sich die Augen zu. Vier andere Kinder stellen sich direkt hinter sie und lassen verschiedene Gegenstände fallen oder klatschen in die Hände – aber nicht direkt am Ohr! Dann wird getauscht. Wie haben die Kinder die einzelnen Geräusche wahrgenommen? Konnten sie erkennen, welcher Gegenstand welches Geräusch gemacht hat? Welches Geräusch war ihnen unangenehm?

Wie funktioniert das Ohr?

Betrachten Sie mit den Kindern ein Bild, das den inneren Aufbau vom Ohr verdeutlicht. Welche Teile kennen sie? Wissen sie, wozu diese Teile da sind? Für jeden sichtbar ist die Hörmuschel. Sie fängt den Schall, zum Beispiel ein gesprochenes Wort, wie einen Trichter ein und leitet ihn durch den Gehörgang weiter. Am Ende des Gehörgangs prallt der Schall auf das Trommelfell und bringt es zum Schwingen. Deshalb heißt der Hörsinn auch »mechanischer Sinn«.

Das Trommelfell gibt diese Schwingungen an das Mittelohr weiter. Hier sitzen die kleinsten Knöchelchen des Menschen, nämlich Hammer, Amboss und Steigbügel. Auch sie leiten die Schwingungen weiter. Diese Knöchelchen sind von Luft umgeben, die durch die Schwingungen in Bewegung versetzt wird. Dabei schwingen hohe Töne schneller als tiefe Töne.

Das Mittelohr schließt mit dem Steigbügel ab. An dieser Stelle beginnt das Innenohr mit der Schnecke, die neben dem Steigbügel riesig aussieht. Außer der Schnecke gibt es im Innenohr noch die Bogengänge, die für unser Gleichgewicht sorgen. Schnecke und Bogengänge sind von Flüssigkeit umgeben. In der Schnecke gibt es außerdem viele ganz feine Härchen. Kommt eine Schwingung im Innenohr an, reagieren die Flüssigkeit und die Härchen sofort. Sie schwingen hin und her. Doch jetzt hört die mechanische Schwingerei auf, denn nun werden die Schwingungen in Signale umgewandelt, die der Hörnerv an das Gehirn weiterleitet. Im Gehirn wird das Signal als Ton erkannt und gehört. All das geht rasend schnell.

Was macht der Schall im Trommelfell?

Um sich den Aufprall des Schalls im Trommelfell genauer vorstellen zu können, führen Sie mit den Kindern folgendes Experiment durch. Sie benötigen:

- große Plastikbecher
- dicke Plastikschläuche (30 bis 50 Zentimeter lang)
- Trichter
- Klebeband
- Luftballons
- feinen Sand

In den Plastikbecher wird ein Loch geschnitten, sodass das der Schlauch gut hineinpasst und er fest sitzt. In das andere Ende des Schlauchs wird der Trichter gesteckt und festgeklebt. Dann schneiden die Kinder das untere Drittel eines Luftballons ab und spannen den größeren Teil des Luftballons über den Trichter. Dort wird er festgebunden – da müssen mehr als zwei Hände zusammenarbeiten. Dann stellen die Kinder den Becher auf einen Tisch und streuen den feinen Sand gleichmäßig auf den Luftballon. Nun geht es los. Die Kinder halten den Trichter vor den Mund und beginnen laut zu sprechen. Alle Selbstlaute sagen sie mal mit tiefer und mit mal hoher Stimme. Was passiert mit dem Sand auf dem Luftballon? Er wandert! Die Schallwellen haben ein sichtbares Ergebnis! Gibt es Unterschiede in den Bewegungen des Sandes, wenn die Kinder lauter oder leiser sprechen, wenn sie »A« oder mehr »O« sagen?

Krach im Kinderzimmer

Ist den Kindern eigentlich klar, wie laut sie manchmal sind? Sie machen manchmal so starken Lärm wie eine viel befahrene Hauptstraße! Das erschwert nicht nur die Verständigung untereinander, sondern belastet auch das Gehör. Verdeutlichen Sie den Kindern den Unterschied zwischen Lärm- und Ruhephasen. Sie brauchen dafür nur ein großes, selbst gemaltes Stopp-Schild. Sobald Sie das Schild in die Höhe halten, müssen sich alle Kinder vollkommen ruhig verhalten. Sobald Sie das Schild wieder senken, beginnen sich alle Kinder möglichst laut und quer durch den Raum zu unterhalten – ohne zu schreien. Lassen Sie die Stille möglichst lange andauern und wiederholen Sie die einzelnen Phasen in unregelmäßigen Abständen. Was haben die Kinder gehört? Wie stark ist ihnen der Unterschied zwischen Lärm und Stille aufgefallen?

Verständigung mit Kopfhörern?

Die Verständigung mit anderen Menschen fällt ziemlich schwer, wenn eine Person dabei Musik mit dem Kopfhörer hört. Fragen Sie die Kinder, ob auch sie mit einem Walkman herumlaufen. Warum tun sie das? Damit die Kinder möglichst frei antworten können, schreibt jedes Kind seinen Hauptgrund ohne Namen auf ein kleines Kärtchen und wirft dieses in eine Schachtel. Sind alle Kinder fertig, schütteln Sie die Schachtel und leeren sie anschließend auf dem Tisch aus. Nun werden alle Karten so hingelegt, dass sie gut lesbar sind. Welche Gründe haben die Kinder aufgeschrieben? Werden einige Gründe mehrfach genannt, zum Beispiel »Ruhe haben« (!), »coole Musik hören« oder »will nicht reden«? Was halten die Kinder von den Gründen?

Besuch im Kommunikationsmuseum

Theorie ist eine Sache, aber etwas ausprobieren eine ganz andere. Das können die Kinder in vielen Museen (Adressen siehe Seite 74-75). In den Ausstellungen werden die Kinder einiges entdecken, wovon sie schon gehört oder gelesen haben: In ***Berlin, Frankfurt, Hamburg*** und ***Nürnberg*** wurden die früheren Postmuseen in Museen für Kommunikation mit vielen Geräten zum Ausprobieren umgewandelt. Da gibt es kratzende Kielfedern und ratternde Fernschreiber. In ***Nürnberg*** kann das Morsegerät benutzt und eine alte Fernvermittlungsanlage ausprobiert werden. In ***Paderborn*** steht das Heinz-Nixdorf Museum, das 5.000 Jahre Kommunikationsgeschichte zeigt und als größtes deutsches Kommunikationsmuseum gilt. Auch die Entwicklung der Schrift wird hier thematisiert. In ***München*** befassen sich das Deutsche Museum und das Siemens Museum (SiemensForum) mit Kommunikationsgeschichte. Und in ***Oldenburg*** gibt es sogar ein WWW-Museum, das sich augenzwinkernd mit dem Internet beschäftigt. ***Dresden*** bietet Erlebnisausstellungen an und lädt zu Entdeckungsreisen ein. Das Kindermuseum in ***Wuppertal*** zeigt Körperklänge, Musikwerke mit Wasser und lautpoetische Angebote. Im Kindermuseum ***Duisburg*** gibt es ein Tonstudio, einen Internetbereich zum sicheren Surfen und Spielen, das Radio früher und heute und eine Blue Box wie im Fernsehen. In ***Berlin*** bietet das Kindermuseum unter anderem ein Geräuschelabyrinth an und will für den vorsichtigen Umgang mit dem Ohr sensibilisieren – und das ist nur ein Programmpunkt!

Herr Morse und sein Alphabet

Herr Morse erfand sein Alphabet, als es weder Funksprechgeräte, Telefone noch Computer gab. Seine Erfindung machte es möglich, eine Nachricht schneller als mit dem Pferd zu befördern. Ein Morseapparat wandelte die Nachricht in Signale um, sodass diese in einer Leitung übertragen werden konnten.

Punkt, Strich

Das Morsealphabet ist eine schlaue Sache: Es besteht nur aus zwei Zeichen. Punkt und Strich. Diese Zeichen werden so unterschiedlich kombiniert, dass sie verschiedene Buchstaben darstellen. Das »A« besteht aus einem Punkt und einem Strich. Wie sehen die anderen Buchstaben aus? Für die Kinder ist es sicher eine spannende Sache, unser lateinisches Alphabet mit Morsezeichen zu schreiben.

Kurzer Ton, langer Ton

Weil das Morsealphabet ohne komplizierte Zeichen auskommt, funktioniert es mit einfachsten Mitteln. Wird eine Nachricht mit Klopfzeichen übertragen, werden Punkte mit kurzen Tönen und Striche mit langen Tönen dargestellt. Nach kurzen Tönen folgt keine Pause, nach langen Tönen erfolgt eine Pause.

Licht an, Licht aus

Nachrichten lassen sich auch mit Lichtsignalen übermitteln. Lange Zeit verständigten sich die Seeleute mit Hilfe der Morsezeichen. Ähnlich wie bei den Tönen wird ein Punkt als kurzes Lichtsignal und ein Strich als langes Lichtsignal übermittelt.

Namen morsen

Haben die Kinder Lust, ihre Namen zu morsen? Zuerst suchen sie aus dem Morsealphabet die benötigten Buchstaben. Dann schreiben alle ihren Namen mit den Morsezeichen. Als Nächstes übermitteln sie ihren Namen als Klopfzeichen. Zum Schluss morsen sie ihre Namen im verdunkelten Raum mit einer Taschenlampe.

a	•-	**n**	-•
ä	•-•-	**o**	---
b	-•••	**ö**	---•
c	-•-•	**p**	•--•
ch	----	**q**	--•-
d	-••	**r**	•-•
e	•	**s**	•••
f	••-•	**t**	-
g	--•	**u**	••-
h	••••	**ü**	••--
i	••	**v**	•••-
j	•---	**w**	•--
k	-•-	**x**	-••-
l	•-••	**y**	-•--
m	--	**z**	--••
1	•----	**6**	-••••
2	••---	**7**	--•••
3	•••--	**8**	---••
4	••••-	**9**	----•
5	•••••	**0**	-----
Punkt	•-•-•-	**Fragezeichen**	••--••
Komma	--•--	**Apostroph**	•----•
Irrtum	••••••••		
Verstanden	•••-•	**Ende (Schlusszeichen)**	•-•-•

ab 8 Jahre

Wir hören Radio

Schreiben Sie eine Rundfunkanstalt in Ihrer Nähe an und bitten Sie um altersgerechtes Informationsmaterial für Ihr Projekt. Wenn Kinderführungen angeboten werden, sollten Sie sich rechtzeitig nach den Terminen erkundigen. Bedenken Sie auch, dass einige Rundfunkanstalten ein bestimmtes Mindestalter der Kinder voraussetzen.

Radio hören

Fragen Sie die Kinder, ob sie zu Hause oder im Auto der Eltern Radio hören. Hören sie nur mit oder haben sie ein eigenes Radio, das sie selber mal einschalten? Was hören sie am liebsten, was mögen sie gar nicht?

Programmwahl

Vielleicht wissen die Kinder, welche Sender und Programme es im Radio gibt. Eventuell haben sie sogar schon ganz genaue Vorstellungen und wissen, was sie im Radio hören wollen. Schalten Sie das Radio ein und suchen Sie mit den Kindern nach den gewünschten Programmen. Kennen sie auch spezielle Kindersendungen? Diskutieren Sie mit den Kindern über ihre Programmwünsche und die Wirklichkeit.

Berufe beim Rundfunk

Fragen Sie die Kinder, welche Berufe beim Rundfunk gebraucht werden – Tontechniker und Elektriker, Moderatoren, Reporter, Nachrichtensprecher und Wetterfrösche, Pförtner und Sicherheitsleute. Können sich die Kinder vorstellen, welche Aufgaben sie im Rundfunk haben?

Klingt im Radio alles gleich?

Nun müssen die Kinder genau hinhören. Schalten Sie das Radio ein und wählen Sie nach jeweils einer Minute einen anderen Sender. Suchen Sie verschiedene Sender mit Pop und Rock, Klassik, Volksmusik und Informationsbeiträgen. Können die Kinder nach dem Abschalten noch beschreiben, welche Unterschiede es gab?

Wenn es zeitlich passt, lassen Sie die Kinder eine Kindersendung hören. Anderenfalls können Sie eventuell eine Kindersendung aufnehmen und den Kindern vorspielen. Fühlen sich die Kinder Ihrer Gruppe davon angesprochen?

Tipp: Eine Liste ausgewählter Kinderprogramme finden Sie auf Seite 76.

Wie sieht eine Rundfunkanstalt aus?

Stöbern Sie mit den Kindern in verschiedenen Sachbüchern zum Thema. Finden die Kinder heraus, wie es beim Radio zugeht? War das schon immer so, oder gibt es Unterschiede zwischen früher und heute? Beziehen Sie zum Schluss das Informationsmaterial von Ihrem lokalen Sender in die Vergleiche ein. So können sich die Kinder ein konkretes Bild von ihrem Radiosender machen.

Ausflug zu einer Rundfunkanstalt

Sind die Kinder neugierig, wie die Stimmen aus »ihrem« Radio wirklich aussehen? Sollte ein persönlicher Besuch nicht möglich sein, vergleichen Sie die Stimmen aus dem Radio mit den Fotos der Moderatoren. Diese finden Sie im Informationsmaterial oder im Internet.

Das World Wide Web

Das Internet wird immer wichtiger. Es gibt so viele Informationen – viele sind auch wirklich nützlich. Es ersetzt zwar nicht jeden Gang zur Bibliothek, aber vieles lässt sich im Internet nachschauen. Für Kinder ist das Internet aus zwei weiteren Gründen interessant: Es gibt dort sehr viele Spiele und Chat-Rooms (Diskussionsräume). Solange diese Angebote von seriösen Unternehmen im Internet bereitgestellt und geschützt werden, sind die damit verbundenen Probleme (hoffentlich) überschaubar.

WWW zum Anfassen

Wie wäre es, das World Wide Web fassbar zu machen? Sie brauchen für dieses Vorhaben:

- 1 großes Stück Drahtnetz (Kaninchendraht)
- Knete
- Wolle in verschiedenen Farben
- Papier
- Alufolie
- Bücher über das Internet oder die Kommunikationstechnik

Erster Schritt: Informationen sammeln!

Was finden die Kinder in den Büchern über das Internet heraus? Folgende Informationen sollten sie – mit Ihrer Hilfe – sammeln und auflisten:

- Über das Internet werden Daten und Informationen ausgetauscht.
- Das Internet gibt es (fast) überall auf der Welt.
- Es ist ein Netz, das viele Teilnetze miteinander verbindet.
- Es gibt Knotenpunkte zwischen den Teilnetzen.
- Durch die Vernetzung und die Knotenpunkte finden die Daten immer einen Weg von einem Computer zum anderen.
- Das World Wide Web ist ein Teil vom Internet.
- World Wide Web (WWW) heißt auf Deutsch »weltweites Netz«.
- Das E-Mail-Netz (E-Mail = Electronic Mail = elektronische Post) ist ein anderer Teil vom Internet.
- Internetadressen fangen in der Regel mit www. an.
- Um ins Internet zu kommen, brauchen wir einen Computer, eine Telefonleitung und ein Modem oder eine ISDN-/DSL-Karte.
- Es ist egal, ob die Daten in Amerika, Japan oder Indien in das weltweite Netz eingespeist werden.
- Das WWW hat viele Verknüpfungen, die auf Englisch »Links« genannt werden. Wenn wir sie anklicken, werden wir zu einer neuen Seite weitergeleitet.
- Um Seiten anschauen und lesen zu können, brauchen wir ein Hilfsprogramm, einen »Browser«.
- Das WWW wurde entwickelt, um die Fülle von Informationen im Internet besser und einfacher nutzen zu können.
- Für Fortgeschrittene: Die Informationen selber lagern eigentlich auf Computern und nicht im Internet.
- Das WWW kann auch gefährlich sein: Leider gibt es auch dort viele Geldabzocker und Menschen, die Kindern schaden wollen.

Zweiter Schritt: Das WWW basteln

Geben Sie den Kindern nun die Materialien. Wie können sie das WWW fassbar machen? Lassen Sie die Kinder herumexperimentieren und helfen Sie nur bei Bedarf mit kleinen Hinweisen. Mit der Wolle lassen sich Verbindungswege ziehen, mit der Knete können Knotenpunkte angebracht werden, die Alufolie wird zu Computern, mit dem Papier können Dokumente (= Inhalte des WWW) visualisiert werden. Hilfreich sind auch Pfeile, um Verbindungsrichtungen oder Datenwege darzustellen.
Können die Kinder am Ende noch etwas erkennen? Und doch funktioniert das WWW, kommen die gewünschten Daten (meistens) richtig an! Was die Kinder jetzt wahrscheinlich nicht darstellen konnten, ist die Geschwindigkeit: Wir können eine Information aus Australien genauso schnell abrufen wie eine von unserer Nachbarin.

E-Mails

E-Mails sind in Sekundenschnelle verschickt. Und wenn alle Verbindungsknoten unterwegs frei sind, kommen sie auch schnell an. Wir können aber nicht nur Nachrichten verschicken, sondern auch Bilder, Tabellen, Musikstücke, lange Texte, ja sogar kleine Filme und Sprachaufnahmen. Damit ist die E-Mail gegenüber dem normalen Brief deutlich im Vorteil!

Unser Verbindungsnetz

Nachdem die Kinder sich die wesentlichen Grundlagen des Internets erarbeitet haben, malen sie ihr persönliches E-Mail-Verbindungsnetz auf. Wie wird das wohl aussehen? Ein Vorschlag: Die Kinder arbeiten in kleineren Gruppen zusammen und erhalten jeweils einen großen Bogen Papier, auf den sich jedes Kind ein Bild von sich selbst zeichnet. Danach folgt der zweite Schritt: Die Kinder finden heraus, bei wem es zu Hause einen Computer gibt und wo ein Internetanschluss vorhanden ist. Neben jedes gemalte Kind, bei dem es zu Hause einen Computer mit Internetanschluss gibt, schreiben sie ein großes »I« – sie dürfen sich aber auch ein eigenes Symbol für das Internet ausdenken. Nun ziehen die Kinder Verbindungslinien von Internetanschluss zu Internetanschluss, sodass am Schluss alle Computer miteinander verbunden sind. Um das Bild ein wenig bunter zu gestalten, können die Kinder verschiedene Farben für die Linien nehmen. Kinder ohne Internetanschluss malen gestrichelte Linien.
Wenn das Bild fertig ist, hängen Sie es im Gruppenraum auf. Können sich die Kinder vorstellen, wie das Netz für ihre ganze Stadt und erst recht für die ganze Welt aussehen wird?

Wie komme ich auf eine Seite?

Genau genommen funktioniert das »Surfen« im Internet wie überall im täglichen Leben. Nehmen wir mal an, die Kinder möchten ihre Großeltern besuchen, ihnen eine Postkarte aus dem Urlaub schicken oder sie anrufen. Was müssen sie wissen, damit sie ihre Großeltern finden oder ihre Postkarte tatsächlich ankommt? Richtig – den Namen und die vollständige Adresse. Und wenn sie mit ihnen telefonieren wollen, geht ohne Telefonnummer gar nichts. So ist das auch im Internet.
Überlegen Sie mit den Kindern, wen sie besuchen möchten und wo sie die benötigte Adresse finden. Beginnen Sie mit bekannten Kindersendungen wie »Die Sendung mit der Maus« (www.die-maus.de) oder mit der Sachbuchreihe »Was ist Was« (www.wasistwas.de). Lassen Sie den Kindern ausreichend Zeit, sich auf den Seiten zurechtzufinden und die vielen Möglichkeiten zu entdecken.

Tipp: Vereinbaren Sie mit den Kindern vor ihrem Besuch im Internet, wie lange sie »surfen« dürfen. So wird den Kindern bewusst, wie schnell die Zeit vergeht. Erklären Sie ihnen auch die gesundheitlichen Risiken von zu langer Bildschirmarbeit.

Vorsicht im Internet!

Auch wenn wir im Internet niemanden sehen können, sollte den Kindern bewusst sein, dass alle Inhalte von Menschen hergestellt und verbreitet werden – ähnlich wie im Fernsehen oder im Radio. Die meisten dieser Menschen sind nett. Aber es gibt auch immer wieder ein paar Leute, die nichts Gutes im Schilde führen. Deshalb gelten hier die gleichen Regeln wie im richtigen Leben:

- Sei nicht gleich zu vertrauensselig.
- Triff dich nicht mit Fremden.
- Antworte nie auf Mitteilungen, die dir komisch vorkommen!
- Gib niemandem dein Passwort!

Clicky's Welt

Auf dem interaktiven Spielplatz der Polizei stellt Clicky den Kindern einige Situationen vor, die sie wahrscheinlich auch schon mal selbst erlebt haben. Häufig geht's dabei um ihre eigene Sicherheit.
http://www.kids.polizei-beratung.de/index.html

Netiquetten

Wie in jeder Gemeinschaft gelten auch im Internet bestimmte »Verhaltensregeln«. Diese Netiquetten sollten die Kinder unbedingt beachten. Sie erwarten ja auch von anderen, dass diese sich ihnen gegenüber korrekt und höflich verhalten. Die ausführlichen Erklärungen zu den Geboten können die Kinder auf den Kinderseiten der Polizei im Internet nachlesen.

- Denke immer daran: Am »anderen Ende« sitzt ein Mensch wie du!
- Erst richtig lesen, dann denken, dann losschicken!
- Fasse dich nach Möglichkeit kurz!
- Versetze dich immer erst in die Lage desjenigen, den du anschreibst!
- Sei vorsichtig mit Humor und Ironie! Vermeide Missverständnisse.
- Gib nicht fremde Sachen als deine eigenen aus!
- Zieh dir keine Kopien von geschütztem Material!

Sich zurechtfinden im Alltag

Piktogramme lenken, helfen und warnen uns. Damit sie von allen Menschen schnell verstanden werden, sind ihre Informationen leicht verständlich und kulturneutral verpackt. Gleichwohl sind diese Bildzeichen immer von dem Kontext abhängig, in dem sie sich befinden. So kann ein durchgestrichener Hund auf einer Tierfutterpackung »für Hunde nicht geeignet« und am Eingang eines Restaurants »Hunde nicht erwünscht« bedeuten. Da Piktogramme also nicht immer einfach zu verstehen sind, wird ihre Wirksamkeit regelmäßig überprüft und lernen schon Kinder diese Zeichen lesen.

Einfache Botschaften

Viele Piktogramme sind uns so selbstverständlich, dass wir gar nicht mehr über sie nachdenken. Oder wissen die Kinder zum Beispiel, wie viele verschiedene Piktogramme den Weg zur Toilette zeigen? Überlegen Sie mit den Kindern, ob diese Zeichen wirklich überall auf der Welt verstanden werden. Wie müsste solch ein Zeichen aussehen?

Alltägliche Piktogramme

Begeben Sie sich mit den Kindern auf Entdeckungsreise in unsere Schilderwälder. Diese gibt es an vielen öffentlichen Orten, zum Beispiel in Bahnhöfen, Krankenhäusern, Büchereien, Schulen, Kaufhäusern, auf Flughäfen und sogar im Zoo. Hoffentlich verlieren die Kinder in diesem Schilderdschungel nicht die Orientierung. Am besten malen sie die gefundenen Piktogramme ab und beschreiben sie mit wenigen Worten, damit sie ihre Entdeckungen mitnehmen und im Gruppenraum aufhängen können.

Ungewöhnliche Piktogramme

Viele Kinder haben sicherlich schon einmal Urlaub im Ausland gemacht und sich dort mithilfe von Piktogrammen orientiert. Haben sie auch Zeichen entdeckt, die sie merkwürdig, witzig, unverständlich oder unsinnig fanden? Gibt es solche Piktogramme auch bei uns? Machen Sie sich mit den Kindern auf die Suche nach ungewöhnlichen Zeichen. Damit sie die Wirksamkeit der gefundenen Piktogramme später in neutraler Umgebung überprüfen können, malen die Kinder ihre Fundstücke ab und notieren die genauen Fundorte.

Piktogramme mit dem Computer zeichnen

Die Kinder können die Piktogramme auch mit dem Computer erstellen, falls ihnen ein Computer mit entsprechenden Programmen zur Verfügung steht. Das ist gar nicht so schwer! Und die gedruckten Zeichen sehen dann richtig professionell aus.

Einen Kinderstadtplan selbst gestalten

Viele Kinder kennen wahrscheinlich den engeren Umkreis um das Haus, in dem sie wohnen, den nächsten Spiel- oder Bolzplatz, die Gegend bei Oma und bei ihren Freunden. Aber wie gelangen sie dorthin?

Wie wäre es mit einem Kinderstadtplan, in dem alle für die Kinder interessanten Orte verzeichnet sind?

Bereiten Sie einen Schwarzweiß-Stadtplan vor, in dem nur die Straßen der näheren Umgebung, die Bebauung (ohne Differenzierung) und Flüsse oder Parks eingezeichnet sind, und kopieren Sie diesen mehrmals. Ausgestattet mit diesem Plan gehen die Kinder in kleinen Gruppen durch ihren Stadtteil und tragen alle wichtigen Wegpunkte ein. Außerdem fotografieren, beschreiben und malen sie ihre Beobachtungen.

Zurück in der Einrichtung werden alle Ergebnisse gesichtet. Stimmen die Pläne aller Gruppen überein oder gibt es Unterschiede? Achten Mädchen auf andere Besonderheiten und Orte als Jungen? Lassen Sie die Kinder sortieren, was wohin auf den Plan gehört.

Wie wollen sie die wichtigsten Orte im Plan darstellen? Lassen Sie die Kinder überlegen, ob sie neue Symbole erfinden oder die »Erwachsenenpiktogramme« übernehmen wollen. Welche Farben möchten sie verwenden? Am besten notieren sich die Kinder ihre Symbole und Piktogramme sowie die Verwendung der Farben, damit die Markierungen einheitlich sind.

Die Legende darf natürlich nicht fehlen. Das Ganze soll ja auch für andere Kinder verständlich sein! Der Plan sollte nicht völlig ausgemalt werden, damit die Kinder später noch weitere besondere Punkte eintragen können.

Tipp: Ideal wäre es, wenn Sie den Kinderstadtplan der örtlichen Presse vorstellen und verteilen könnten. Bitten Sie um Spenden für die Vervielfältigung der Pläne.

ab 8 Jahre

Wir lesen mit unserem Tastsinn

Es gibt viele Möglichkeiten der schriftlichen Verständigung. In der Regel benutzen wir zum Lesen unsere Augen. Dass schriftliche Botschaften und Informationen auch mit dem Tastsinn erfasst werden können, machen wir uns ebenso selten bewusst wie die Tatsache, dass allein in Deutschland mehrere Millionen Sehbehinderte leben und sich auf diesem Wege verständigen.

Fingerspitzen lesen

Fragen Sie vorab in der Apotheke nach Verpackungsmustern mit Hinweisen in Blindenschrift.
Die Kinder wissen, wie wichtig die Augen zum Lesen sind. Doch geht es auch anders? Was wissen sie über Blindenschrift? Lassen Sie die Kinder erklären, wie die Zeichen aussehen und wo wir manchmal Informationen in Blindenschrift finden. Zeigen Sie den Kindern nun die mitgebrachten Muster und geben Sie ihnen Gelegenheit, die Informationen zu ertasten. Haben sie die Zeichen verstanden?

Louis Braille erfindet eine neue Blindenschrift

Im Jahre 1825 entwickelte der 15-jährige Louis Braille eine neue Blindenschrift, nachdem er selbst im Alter von drei Jahren durch eine Unfallverletzung seine Sehkraft verlor. Das Alphabet dieser nach ihrem jungen Entwickler benannten Braille-Schrift funktioniert aufgrund einer speziellen Anordnung von Punkten, die erhaben sind und ertastet werden können. Die Schreibrichtung läuft wie in unserem lateinischen Alphabet von links nach rechts. Als Schreibhilfe gibt es perforierte Lineale. Da Blinde mit ihrem Tastsinn lesen, müssen die Buchstaben mit einem Griffel ins Papier gedrückt werden. Die so auf der Rückseite entstehenden erhabenen Punkte lassen sich abtasten, sind also lesbar.

Braille-Lineal herstellen

Stellen Sie mit den Kindern ein Schreiblineal selbst her. Sie benötigen:

- dicke Pappe
- dünne Nägel
- Mustervorlagen vom Braille-Alphabet

Die Kinder schneiden die Pappe in der gewünschten Länge zu. Mit einem spitzen Nagel bohren sie im Abstand von etwa zwei Zentimetern die einzelnen Zeichen des Braille-Alphabets hinein (nur die schwarzen Punkte jeweils). Wichtig bei der Herstellung eines Braille-Lineals ist, dass die Zeichen richtig herum ertastbar sind. Das ist gar nicht so einfach!

Schreiben mit Braille

Am besten schreiben sie zunächst einmal ihren Namen in Braille-Schrift. Nachdem sie einige Zeit herumexperimentiert haben, arbeiten die Kinder zu zweit weiter – ein Kind schreibt ein Wort, das andere ertastet es. Sind ihre Fingerspitzen sensibel genug?

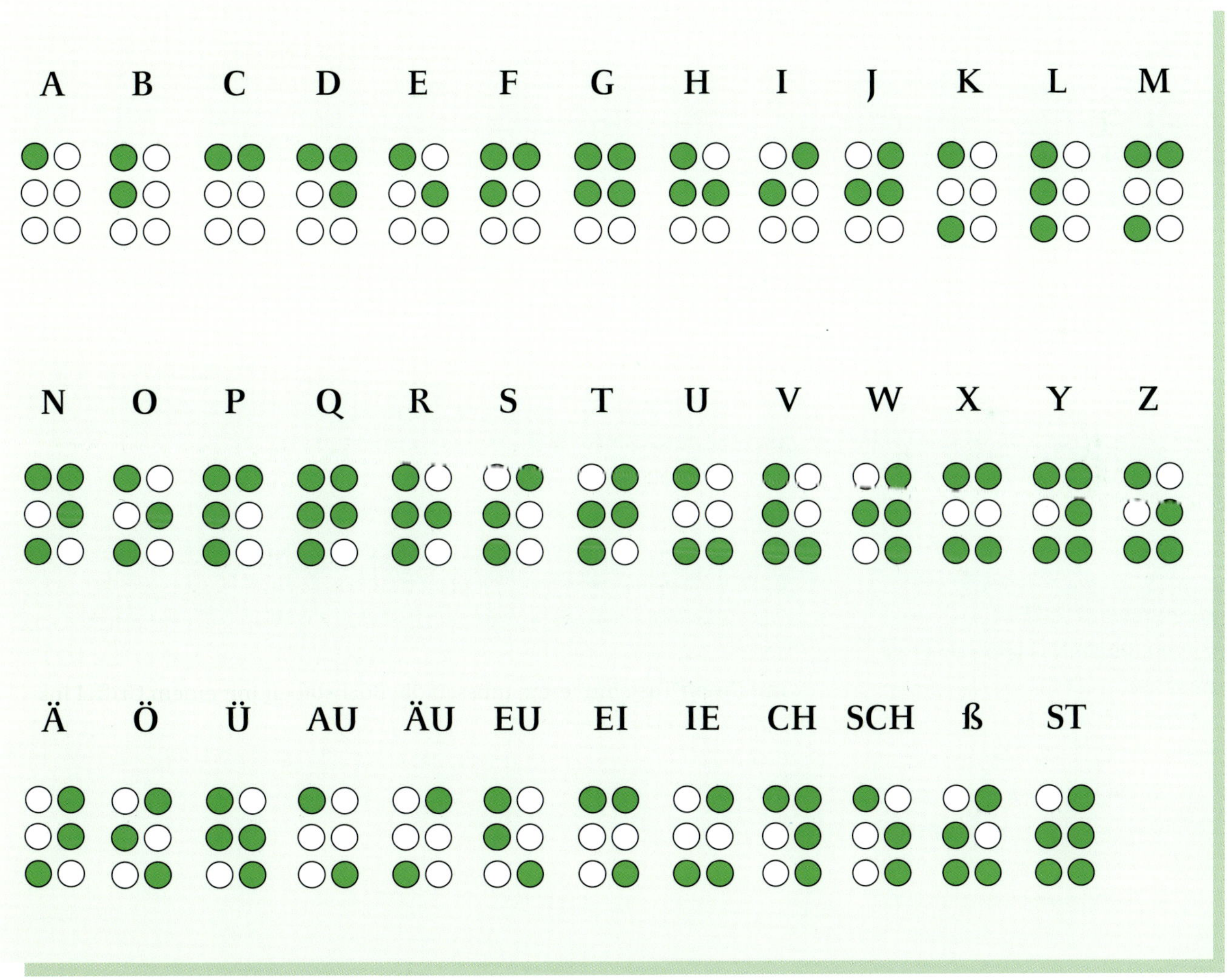

Verschlüsselte Botschaften

Es gibt unglaublich viele Geheimschriften – Menschen lieben Geheimnisse! Und es gibt so viele Gründe, manches vor den meisten anderen Menschen geheim zu halten. Das kennen die Kinder doch auch? Manche Dinge wiederum möchten wir zwar mitteilen, können oder wollen sie aber nicht in Worte fassen. Das gilt besonders für unsere Gefühle, die wir oftmals nur verschlüsselt ausdrücken.

Emoticons

Wer im Internet chattet oder E-Mails schreibt, hat sie sicher schon mal gesehen: Die quer liegenden Gesichter, die sich aus Schriftzeichen zusammensetzen. Sie sollen ein Gefühl ausdrücken, daher der Name Emoticon. Der Begriff setzt sich zusammen aus den Worten:

emotion = Gefühl
icon = Piktogramm, Symbol

Geheimschriften

Geheimschriften lassen sich mit oder ohne technische Hilfsmittel schreiben, sie können ganz kompliziert sein oder auch einfach. Fordern Sie die Kinder auf, möglichst viel über Geheimschriften selbst herauszufinden. Prima Quellen sind Bücherei, eigene Bücher, Internet (www.blindekuh.de)!

Emoticons: Was ist denn das?

Wissen die Kinder, was Emoticons sind? Zeigen Sie ihnen eine Übersicht mit bekannten Emoticons – allerdings ohne die »Übersetzungen«. Können sie die Bedeutung erraten? Das dürfte ganz schön schwer sein! Hier ist Teamarbeit gefragt. Nach Ablauf einer fest vereinbarten Zeit kommen alle Kinder zusammen. Ehe Sie ihre Lösungen mit den tatsächlichen »Übersetzungen« vergleichen, erklären die Kinder ihre Interpretationen.

:-) Lache! Man muss nicht alles so ernst nehmen.
;-) Ist nicht so ernst gemeint!
:) Ich bin super-glücklich!
:-D Da lache ich laut!
:-> Immer nur glücklich ...
:-() Wie bitte???
!>:-) Ich hab's!
:-(Ich bin nicht gut drauf.
:-((Ich bin sehr schlecht drauf.
:-/ Ich weiß nicht ...
:-& Ich bin sauer!
o:-((Ich bin wütend!
:-e Ich bin enttäuscht.
:-< Ich bin unglücklich.
:-/ Schiefes Grinsen ...
:-I Das find ich nicht komisch!
|-[Das gibt Ärger!
?:-| Ich denke nach.
:-o Ich bin ängstlich.
:'-(Es ist zum Heulen!

Internet zum Mitmachen

Suchmaschinenkurs

Fragen Sie die Kinder, wer schon mal im Internet nach Informationen, Spielen oder Musik gesucht hat. Wahrscheinlich werden das nur wenige Kinder sein. Erzählen Sie ihnen, dass es im Internet so genannte Suchmaschinen gibt. Das sind Programme, die auf allen Seiten der Welt nach bestimmten Worten oder Wortkombinationen suchen. Eine Suchmaschine mit dem lustigen Namen »Blinde Kuh« ist speziell für Kinder gemacht. Hier gibt es sogar einen richtigen Suchmaschinenkurs. Wer diesen Kurs mindestens einmal mitgemacht hat, ist wirklich fit für eine spannende Internetrallye (siehe Seite 64-65).

Mitmachen bei der Online-Zeitung

Kids-E-Zine ist ein Electronic Magazine, das bei Blinde Kuh im Internet erscheint. Jedes Kind kann hier mitmachen und eigene Texte schreiben. Die kann dann jeder lesen – überall auf der Welt. Das glauben die Kinder nicht? Na, dann sollten sie mal bei Blinde Kuh nachschauen. Dort erfahren sie auch, wie das funktioniert. Vielleicht haben sie beim Lesen der Reportagen und Nachrichten gleich Lust, selbst eine Geschichte, eine Reportage oder einen Bericht zu schreiben und der Blinden Kuh zu schicken. Die kümmert sich dann darum, dass alle Menschen auf der Welt diesen Text lesen können.

Tipps für die praktische Arbeit

Die Suchmaschine »Blinde Kuh« (www.blinde-kuh.de) ist speziell für Kinder konzipiert und aufgebaut. Trotzdem könnten sich die Kinder ohne Anleitung hoffnungslos verzetteln, denn sie werden viele interessante Links, spannende Informationen und lustige Bilder entdecken. Wichtig für die Arbeit mit der Suchfunktion ist das Eingabefeld »Suchen«. Besprechen Sie mit den Kindern die Nutzung der Suchfunktion sowie das weitere Vorgehen beim Bearbeiten der Ergebnisliste.
Erinnern Sie immer wieder daran, was sie vor dem nächsten Klick tun müssen: Erst lesen, dann klicken – oder weitersuchen!

Zum zweiten mal ist die Blinde Kuh für den Grimme Online Award nominiert

Die Blinde-Kuh ist kein Internet-Projekt vom Reißbrett, sondern war schon immer für Kinder da und ist in den Jahren historisch gewachsen. Die »Kinderseitenlandschaft« allen Kindern schnell und mit ihren Worten zugänglich zu machen, eben nicht zu verstecken oder gar neu zu erfinden, sondern wie sich das im World Wide Web nun einmal gehört, unkompliziert zu vernetzen und zu bereichern, darin versteht die Blinde Kuh ihre Aufgabe für das deutschsprachige Internet.
Die Blinde Kuh wird seit dem 1. August 2004 vom Bundesministerium für Familie, Senioren, Frauen und Jugend gefördert.
Begründet wurde die Blinde Kuh im Februar 1997 von Birgit Bachmann, die 1996 eines der ersten deutschsprachigen Angebote speziell für Kinder ins Netz stellte. Bis einschließlich Juli 2004 wurde die Blinde Kuh rein ehrenamtlich betrieben. Gebaut wurde die Suchmaschine von Stefan R. Müller. Das Team besteht aus angestellten und ehrenamtlichen Mitarbeitern. Birgit Bachmann ist eine der ehrenamtlichen Macherinnen der Blinde Kuh.

ab 8 Jahre

Internetrallye

So geht's

Natürlich dreht sich bei dieser Internetrallye alles um Botschaften, Signale und Verständigung – darüber wissen die Kinder ja nun schon eine Menge. Wie bei einer richtigen Rallye müssen alle Teilnehmer einem festgelegten Weg folgen und bestimmte Aufgaben lösen, um möglichst schnell ans Ziel zu gelangen. Gewonnen hat, wer zuerst fertig ist.
Die Kinder müssen bei ihrer Internetrallye den Anweisungen auf ihrem Arbeitsblatt folgen (Kopiervorlage, siehe Seite 65) und dürfen nur die genannten Internetseiten besuchen! Damit sie beim »Surfen« nicht vom Weg abkommen, sollten sie immer ganz genau lesen und aufpassen, was sie mit ihrer Maus anklicken.
Nun fehlt noch wie bei einer echten Rallye eine gemeinsame Trainingsrunde, bevor es losgeht! Besprechen Sie die Ergebnisse der Kinder. Fragen Sie auch, welche Aufgaben besonders schwierig zu lösen waren.

1. Trainingsaufgabe

Die Kinder gehen zur Startseite. In die obere Zeile des Browsers (Programm zum Surfen im Internet) tippen sie die Adresse »http://blinde-kuh.de«.

2. Trainingsaufgabe

Die Suche beginnt: Die Kinder gehen zum Feld neben dem »Suchen«-Button und geben den Suchbegriff »Botschaften« ein. Dann klicken sie auf »Suchen«. Nach einigen Momenten wird eine Liste mit allen gefundenen Ergebnissen angezeigt. Die Liste ist ganz schön lang. Brauchen die Kinder wirklich all diese Ergebnisse?

3. Trainingsaufgabe

Die Kinder suchen in der Ergebnisliste den Link **»Von Stinktieren und Spürnasen«**. Erkennen sie, von wem dieser Link stammt? Richtig von »GEOlino, Wissen, Tiere«. Da die Kinder GEOlino sicherlich kennen, sollten sie mal nachschauen, was sich hinter diesem Link verbirgt. Sie klicken auf die blau unterstrichene Zeile. Es erscheint folgende Information:
»Tiere tauschen mittels Duftmarken viele verschlüsselte Botschaften untereinander aus. So dienen ihnen Körpergerüche als unverwechselbarer ›Fingerabdruck‹, als ›Grenzsteine‹ des besetzten Reviers, als Lockstoffe für die Partnersuche, als Alarmsignale bei Angriffen oder gar als Wegweiser.«

4. Trainingsaufgabe

Nachdem die Kinder diese Information gelesen haben, gehen sie sofort zurück auf die Ergebnisseite der Blinden Kuh – sie klicken dafür einfach in den »Zurück«-Button.

5. Trainingsaufgabe

Nach diesem Erfolg geben die Kinder ein neues Suchwort ein – diesmal das Stichwort »verständigen«. In der neuen Ergebnisliste finden sie den Link **»Indianer – Rauchzeichen«** vom SWR-Kindernetz, den die Kinder auch gleich mal anklicken dürfen. Diesmal erfahren sie:
»Natürlich hatten die Indianer früher weder Telefon noch Handy. Wenn sich die einzelnen Stämme über eine weite Entfernung miteinander verständigen wollten, zündeten sie auf einem Felsen ein Feuer an und …«

6. Trainingsaufgabe

Nun geht es zurück auf die Ergebnisseite der Blinden Kuh. Zum Abschluss dieser gemeinsamen Trainingsrunde folgt noch eine Besprechnung. Fragen Sie die Kinder nach ihren Eindrücken. Was hat ihnen bei diesem Training besonders gut gefallen, was fanden sie eher verwirrend oder schwierig?

Internetrallye

Name, Vorname:

1. Start Gehe auf die Seite www.blinde-kuh.de	**Notiere hier deine Ergebnisse:**
2. Suche nach Einzelbegriffen Suche nach folgenden Begriffen und notiere die Anzahl der Ergebnisse.	*a) Botschaften* *b) Signale* *c) Verständigung*
3. Suche nach zwei Begriffen Gib diesmal die Begriffe »Spürnasen« und »Duftmarken« ein und starte eine erneute Suche. Notiere die Ergebnisse.	*Spürnasen / Duftmarken*
4. Informationen verstehen Suche in der Ergebnisliste den Link »Von Stinktieren und Spürnasen«. Welche Tiere benutzen »Duftmarken«?	
5. Suche nach neuen Stichworten Suche nach »Indianer« und «Rauchzeichen«. Wie viele Ergebnisse erhälst du?	*Indianer / Rauchzeichen*
6. Informationen über Rauchzeichen Suche den Link »Indianer – Rauchzeichen«. Wozu entstanden Rauchzeichen?	
7. Fertig! Nun musst du nur noch das Internet beenden. Vergleicht eure Ergebnisse.	

ab 8 Jahre

Körperklang und Körpersprache

Unser Körper als Instrument

Fragen Sie die Kinder, womit sie Musik machen können. Instrumente, Stimme – gut, und wie sieht es mit dem eigenen Körper aus? Vielleicht nennen die Kinder Händeklatschen. Welche Töne können sie beim Klatschen ihrer Hände erzeugen? Probieren Sie es gemeinsam aus: laut, leise, schnell, langsam, mit und ohne Rhythmus. Fingerschnipsen können die Kinder auch: Mittelfinger und Daumen schnell voneinander abrutschen lassen – manche nehmen Ringfinger und Daumen. Was gibt es noch? Schenkelklopfen, Finger im Mund ploppen lassen, Wangen schlackern, stampfen, trampeln sind weitere Möglichkeiten, um mit dem eigenen Körper Klänge zu erzeugen. Wie klingt es, sich (leicht) auf die Brust zu schlagen, auf den Oberschenkel, in die Hand, gegen die Schulter? Welche Unterschiede gibt es? Ermuntern Sie die Kinder, die Geräusche zu beschreiben.

Körperorchester

Die Kinder können Körperklang nicht nur ausprobieren, sondern richtig Musik machen. Dazu verabreden sie, wer welches Geräusch macht. So können sie auch »Instrumentengruppen« bilden: Jeweils zwei oder drei Kinder machen ein Geräusch. Dann komponieren sie ein Körpermusikstück: im Wechsel schnipsen, schlagen, klopfen. Der Fantasie der Kinder sind keine Grenzen gesetzt! Wenn sie wollen, können sie sogar einen Dirigenten einsetzen – auch unter Berufsmusikern ist Verständigung wichtig. Wissen die Kinder, wer bei einer großen Gruppe von Musikern dafür sorgt, dass alle im gleichen Takt spielen? Genau, der Dirigent. Und wie wird eine Gruppe von Musikern genannt? Richtig, Orchester!

Spielstück: Klick, peng, pfeif!

Die Kinder dürfen jetzt mal alle Geräusche machen, die sie machen wollen – aber nur Geräusche! Mit der Stimme, mit dem Körper, durch Klopfen auf Gegenstände. Nach drei bis fünf Minuten versammeln sich alle im Kreis und erzählen, was sie ausdrücken wollten. Welche Erinnerungen, welche Stimmungen und welche Gefühle hatten sie dabei? Oder hatten sie einfach nur Freude am Krach? Überlegen Sie gemeinsam, wie sich aus all diesen vielen Ausdrucksformen und kleinen Geschichten eine große Geschichte machen lässt – bei der alles nur mit Geräuschen ausgedrückt werden darf. Eine Geschichte könnte so verlaufen:

***Klick, Kick** und **Pfeif** gehen spazieren. Da treffen sie auf **Klatsch, Klein-Klatsch, Quietsch** und **Peng**. Die vier stehen zusammen und reden aufgeregt miteinander. Nun drehen sie sich zu **Klick, Kick** und **Pfeif** um und fragen sie, was sie von der Schließung des Schwimmbads halten. Das hören **Schnauf, Schieb, Stampf** und **Klein-Pfeif**. Jetzt reden alle auf einmal. Weitere Leute kommen hinzu und diskutieren mit. Da kommt der Zauberer **Groß-Schieb**, wedelt einmal mit den Armen und alle sind still. Er fragt nach dem Grund des Lärms. **Schnauf** und **Peng** erklären es ihm. Der Zauberer nickt und geht mit allen zum Schwimmbad. Da hängt ein großes Schild: »Schwimmbad wird doch nicht geschlossen!« Zum Glück war die ganze Aufregung umsonst, und alle freuen sich.*

Wörter und Stimmungen ausdrücken

Alle Kinder sind in einem großen Raum oder auf einem begrenzten Spielfeld im Freien. Sie dürfen eine Runde so schnell laufen wie sie können, natürlich alle in eine Richtung. Dann gehen sie eine Runde so langsam wie möglich, dann noch mal eine schnelle Runde. Nun konzentrieren sich alle auf die folgende Aufgabe: Die Kinder spielen mit Pantomime ein Wort, das mit weiteren Wörtern zusammengesetzt ist. Sie nehmen zum Beispiel das Wort »Sinn« und überlegen, was dazu passt: Un-Sinn, Wahn-Sinn, Froh-Sinn, sinnvoll. Das »Haupt«-Wort kann vorn oder hinten stehen.
Bilden Sie zwei Gruppen – eine Gruppe spielt Pantomime, die andere soll erraten, worum es geht. Vor dem Spielen müssen die Kinder also richtig überlegen! Die ratenden Kinder erfahren das »Haupt«-Wort vor der ersten Pantomime. Wenn sie den Begriffe erraten haben, wird getauscht. Die Kinder sollen beim Spielen auch darstellen, welche Gefühle und Stimmung mit einem Wort verbunden sind – sofern das »Sinn« macht.

Wir malen nach Gefühlen

Setzen Sie sich mit den Kindern zusammen. Alle sind ganz leise und schließen die Augen. Dann fragen Sie: »Wie geht es euch heute? Wie fühlt ihr euch? Horcht in euch hinein.« Nach einiger Zeit bitten Sie die Kinder, ihre Stimmung mit Fingerfarben als Gesicht auf ein großes Blatt Papier zu malen. Das muss kein gegenständliches Gesicht sein, die Kinder dürfen experimentieren. Wenn alle Bilder fertig sind, überlegen Sie gemeinsam, welches Bild welche Stimmung ausdrückt. Dominieren bestimmte Farben bei guter oder schlechter Stimmung?

Wir tanzen nach Gefühlen

Die Kinder haben über ihre Gefühle gesprochen und versuchen jetzt, diese bei einem Tanz zum Vorschein zu bringen. Spielen Sie mit einem Kassettenrekorder oder CD-Player verschiedene Musikstücke vor: langsame, getragene, schnelle und lebhafte. Die Kinder hören zunächst mit geschlossenen Augen der ruhigeren Musik zu. Nach einer Weile dürfen sie sich zur Musik bewegen. Verändert das Lied ihre Stimmung? Bitten Sie die Kinder, in sich zu hören. Was diese Musik bei ihnen auslöst, das behalten sie aber für sich. Wird die Musik lebhafter, werden auch die Kinder lebhafter tanzen und lachen – nur zu! Sie werden sich an ihren Bewegungen erfreuen – und auch ihre Stimmung verbessert sich vermutlich sofort.

Variation: Beim Tanzen zu »eigener« Musik fühlen sich manche Kinder sicherer und werden mutiger. Bitten Sie die Kinder, ihre Lieblingsmusik von zu Hause mitzubringen.

Sich auf andere einlassen

Ich führe dich durch die Dunkelheit

Verständigung hat auch mit Vertrauen zu tun: Wenn wir uns vertrauen, können wir uns leichter und schneller verständigen. Die folgenden Übungen sollen das Vertrauen zwischen den Kindern stärken. Gehen Sie mit den Kindern in einen großen leeren Raum.
Jeweils zwei Kinder stellen sich einander gegenüber auf und berühren sich ganz leicht an den Fingerspitzen. Ein Kind schließt die Augen und lässt sich nun von seinem Partner durch den Raum führen. Nach einer Weile wird gewechselt.
Dunkeln Sie den Raum etwas ab. Die Kinder bilden wieder Paare. Jeweils ein Kind bekommt die Augen verbunden und lässt sich von seinem Partner durch den Raum führen. Die sehenden Kinder führen ihre Partner, indem sie ihn erst mit den Händen auf dem Rücken »schieben« und dann an der Hand halten. Sie bewegen sich in Schlangenlinien, im Kreis, geradeaus, rückwärts oder kreuz und quer.

Ich führe dich fest

Ein Kind legt sich mit geschlossenen Augen auf ein großes, festes Tuch oder auf ein großes Stück Ballonseide. Vier Kinder heben das Tuch an den Ecken hoch, je zwei fassen an den Längsseiten mit an. Dann wird das Kind auf dem Tuch sanft hin und her geschaukelt, vorsichtig hin und her gerollt. Möchte das Kind in dem Tuch nun noch ein wenig durch den Raum getragen werden? Natürlich ganz vorsichtig! Nach einer Weile legen die Kinder das Tuch behutsam ab. Das Kind auf dem Tuch darf langsam wieder »auf den Boden kommen«. Wer möchte als Nächstes in das Tuch?

Tipp: Sollten Sie ein Tuch aus Ballonseide verwenden, erklären Sie den Kindern die Vorzüge dieses extrem reißfesten Materials. So können sie sich leichter auf dieses Angebot einlassen.

Spiegelspiel

Bei diesem Spiel heißt es für die Kinder: Aufpassen! Sie sind nämlich Spiegel und müssen genau dieselben Bewegungen spiegelbildlich nachmachen. Wer sich falsch bewegt, scheidet aus. Die Rolle des Spielleiters übernehmen Sie.
Ein Kind stellt sich auf ein kleines Podest (Stuhl oder stabile Kiste). Die anderen Kinder bilden einen Halbkreis, sodass sie gut auf die Bühne sehen können und genug Platz zum Nachbarn haben. Das Kind auf dem Podest streckt den rechten Arm in die Höhe und sofort machen alle diese Bewegung spiegelbildlich nach – heben also den linken Arm! Wer den falschen Arm in die Höhe gestreckt hat, muss den Halbkreis verlassen.
Nun folgen die nächsten Bewegungen – ganz schnell hintereinander oder mit kleinen Pausen. Wer am Schluss übrig bleibt, hat gewonnen. Die nächste Runde kann beginnen. Weil es ein ganz anderes Gefühl ist, etwas vorzumachen als nachzumachen, sollten nicht nur die Sieger aufs Podest dürfen, sondern alle Kinder.

Variation: Das Spiel wird komplizierter, wenn eine ganze Kette von Bewegungen in der richtigen Reihenfolge gespiegelt werden soll. Je schneller und je mehr Bewegungen vorgemacht werden, desto mehr müssen sich die Kinder konzentrieren und ihre Bewegungen koordinieren. Und desto schneller ist eine Runde vorbei.

Teddybär-Song

mündlich überliefert

Der Teddybär-Song ist ein Spiellied, das gern zum Seilspringen mit mehreren Kindern gesungen wird: Zwei Kinder drehen ein langes Seil knapp über dem Boden und wieder in die Luft, ein drittes Kind springt über das Seil und bewegt sich beim Springen zum Liedtext der anderen Kinder – drehen, bücken, springen mit den Händen ein Dach über dem Kopf bauen ...

Zunächst fragen Sie die Kinder, wer das Spiellied kennt und wie es gespielt wird. Am besten liest ein Kind den deutschen Text laut vor. Nun wird's schwierig. Wer möchte den englischen Text vorlesen? Verstehen die Kinder schon soviel Englisch, dass sie das Lied sogar übersetzen können? Schreiben Sie die deutsche Übersetzung mit den Kindern neben den englischen Text und singen Sie mit den Kindern beide Versionen. Die Melodie ist sehr einfach, sie kann auch abgewandelt werden. Fallen den Kindern noch weitere Strophen ein?
Gehen Sie nun mit den Kindern nach draußen und bilden Sie zwei Gruppen, die einander gegenüberstehen. Eine Gruppe singt, die andere springt zum Liedtext über das Seil. Danach wird getauscht. Und los geht's!

1. Teddy Bear, Teddy Bear, take a bow,
Teddy Bear, Teddy Bear, show me how,
Teddy Bear, Teddy Bear, tie your shoe,
Teddy Bear, Teddy Bear, I love you.

2. Teddy Bear, Teddy Bear, touch the ground,
Teddy Bear, Teddy Bear, spin around,
Teddy Bear, Teddy Bear, jump so high,
Teddy Bear, Teddy Bear, touch the sky.

3. Teddy Bear, Teddy Bear, go up the stairs,
Teddy Bear, Teddy Bear, say your prayers,
Teddy Bear, Teddy Bear, turn out the light,
Teddy Bear, Teddy Bear, say »Goodnight«!

Was ist Völkerverständigung?

Völkerverständigung ist wichtig!

Verständigung unter Völkern – was könnte das denn sein? Richtig, es geht hierbei um die Verständigung zwischen Regierungen von Ländern, aber vor allem um die Verständigung zwischen den Menschen dieser Länder. Manchmal leben auch mehrere Völker in einem Staat. Einige Menschen verstehen sich sehr gut miteinander, andere haben das noch nicht so gut gelernt. Wieder andere sind so miteinander zerstritten, dass sie gar nicht mehr miteinander reden wollen und sogar Krieg führen. Dann brauchen sie jemanden, der ihnen hilft, sich wieder zu vertragen. Solche Situationen kennen die Kinder sicherlich auch.
Genau darum geht es bei der Völkerverständigung. Damit sich Menschen verstehen, müssen die Vorurteile und Grenzen zwischen den verschiedenen Völkern abgebaut werden. Das hört sich ganz schön kompliziert an – ist es auch. Als Erstes müssen die Völker nämlich bereit sein, dem anderen zuzuhören und von sich zu erzählen – Politiker nennen das »kulturellen Austausch«. Wenn sich die Länder dann ein wenig vertrauen, laden sich ihre Regierungen gegenseitig ein und besuchen sich.
Völkerverständigung ist aber nicht nur für Regierungen wichtig. Auch Menschen »wie du und ich«, Vereine, Schulen, Tagesstätten und Kirchen müssen mitmachen. Letztendlich sollen Kriege und kriegerische Auseinandersetzungen verhindert werden.

Völkerverständigung für Kinder

Informationsmaterialien zur Völkerverständigung können die Kinder problemlos im Internet anfordern – natürlich funktioniert das auch per Post. Terre des Hommes, die UNESCO oder die Europäische Union sind durchaus auf Kinder eingestellt. Die Kinder erfahren auf diesen Seiten, dass es viele Völker und hilfreiche Organisationen gibt, deren Namen sie vielleicht noch nie gehört haben. Außerdem erfahren sie, dass sich die Menschen in diesen Organisationen auch für Kinder und ihre Rechte einsetzen. Im Vorfeld sollten Sie ihnen allerdings erklären, wer diese Organisationen sind, welche Ziele sie haben und dass Menschen dahinter stehen:

- Terre des Hommes – Kinderseiten
  www.tdh.de/kinderseiten/worte/index.htm
- DUNICEF-Mitmachseiten
  www.unicef.de/botschafter/

Das bin ich und wer bist du?

Die Kinder haben in den vergangenen Wochen auf vielfache Weise selbst erfahren, wie wichtig Verständigung ist, wie schwierig Verständigung sein kann und welch verschiedene Wege der Verständigung es gibt. Als Höhepunkt und Abschluss ihrer Arbeit dürfen sie nun ein kleines Medien-Kommunikations-Internet-Wissens-Spaß-Projekt durchführen.
Planen Sie für diesen Projektbaustein eine längere Zeitspanne ein und setzen Sie einen wöchentlichen Termin fest, an dem sich die Kinder gegenseitig über den Projektstand informieren und austauschen können.

Wir suchen eine Partnerschaft

Sicher gibt es überall auf der Welt noch andere Kinder, die ebenfalls an dem Thema »Verständigung« arbeiten. Haben die Kinder eine Idee, wie sie zu ihnen Kontakt aufnehmen können? Vielleicht hat ein Kind einen Cousin, der im Harz, in der Eifel, an der Ostsee oder in München wohnt? Die Partner lassen sich bestimmt auch in einer Partnerstadt Ihrer Gemeinde finden. Wenn die Kinder schon Fremdsprachenkenntnisse haben, wäre die Suche in einer europäischen oder gar außereuropäischen Partnerstadt sicher auch sehr interessant – und zudem ein wertvoller Beitrag zur Völkerverständigung. Erkundigen Sie sich doch mal bei Ihrer Gemeinde, welche Kontakte bereits bestehen, an die Sie für Ihr Projekt anknüpfen könnten.

Variationen: Sie müssen Ihre neue Partnerschaft nicht unbedingt in der Ferne suchen. Unter Umständen eröffnet dieses Projekt auch eine gute Gelegenheit, engere Kontakte zum benachbarten Hort zu knüpfen – weil es in letzter Zeit so viele Auseinandersetzungen zwischen den Kindern gab.

Was können Sie mit diesem Projektbaustein erreichen?

Dieser Projektbaustein ist sehr komplex, anspruchsvoll und zeitaufwändig. Umso wichtiger ist es für Sie und Ihr Team, vor Beginn der Arbeit die angestrebten Ziele zu diskutieren und zu definieren. Exemplarisch seien hier einige Ziele aufgeführt. Entscheiden Sie mit Ihrem Team, welche dieser Ziele für Ihre Arbeit im Vordergrund stehen, welche weniger relevant sind und welche ergänzt werden sollten:

- Die Kinder lernen verschiedene technische Abläufe kennen (Fotografieren, Scannen, Drucken).
- Die Kinder lernen soziale Fertigkeiten (Briefe schreiben, Sachinformationen erfragen).
- Die Kinder denken über sich und ihr Umfeld nach: Wo kommen wir her? Wie sieht unsere Umgebung aus? Wie leben wir?
- Die Kinder lernen ihre Heimat schätzen.
- Die Kinder lernen im geschützten Umfeld neue Menschen kennen, erfahren etwas über deren Bedürfnisse, Wünsche und Hoffnungen.
- Die Kinder erleben sich als wichtigen und mitgestaltenden Teil der (Welt-)Bevölkerung.
- Die Kinder erfahren etwas aus einer fremden Region oder aus einem fremden Land.
- Die Kinder lernen die Bedeutung von (Fremd-)Sprache kennen.
- Die Kinder lernen Sprachbarrieren zu überwinden.
- Die Kinder lernen die Bedeutung, Schwierigkeiten und Vorteile von Online-Freundschaften kennen und einschätzen.
- Mädchen und Jungen werden gleichermaßen am Projekt beteiligt.
- Ein Grundstein für die persönliche Entwicklung und mögliche berufliche Interessen wird gelegt.
- Kinder, denen zu Hause kein Computer zur Verfügung steht, können konkrete Medienerfahrungen machen.

ab 8 Jahre

Wer bin ich in der virtuellen Welt?

Beschäftigen wir uns mit der Frage »Wer bin ich?«. Überlegen wir dabei, was das in der »realen« Wirklichkeit und »virtuell« im Internet bedeutet. In der Wirklichkeit, also in der ganz realen Welt, können wir unsere eigenen Körper und die der anderen beobachten. Aber wie ist das, wenn ein virtueller Mensch im Netz auf einen anderen trifft?
Wie wirken wir, welche Merkmale kennzeichnen uns als Individuum? Betrachten wir doch einfach mal unsere Fingerabdrücke. Die sind bei jedem Menschen einzigartig und unverwechselbar. Spannend ist es, wenn wir ein Gruppenbild von allen Daumenabdrücken oder unseren Handflächen machen – die lassen sich leicht einscannen und am Computer neu zusammensetzen. Wie unterscheidet sich das Abbild einer Hand von einer tatsächlichen Hand? Was können Hände im Computer bewegen, was in der realen Welt?

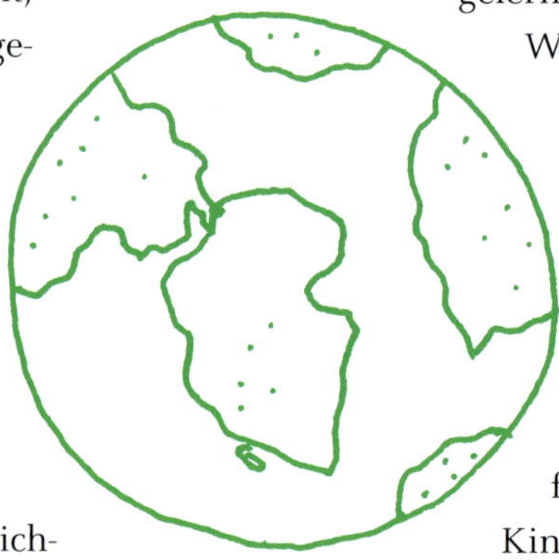

Netiquetten und Gefahren im Netz

Wie sich die Kinder zu ihrer persönlichen Sicherheit im Netz verhalten sollten, haben sie bereits gelernt (siehe Seite 57). Weitere Anregungen und kostenlose Materialien zu diesem Thema finden Sie im Internet (siehe Seite 75-76). Neben den Gefahren sollten die Kinder aber auch wissen, wie sie sich im Internet und besonders in Chat-Rooms benehmen müssen. Diese Benimmregeln heißen »Netiquetten« und können zusammen mit den Sicherheitstipps auf den Kinderseiten der Polizei ausgedruckt werden. Damit sie allen stets in Erinnerung sind, hängen die Kinder sie gut sichtbar in ihrem Gruppenraum auf.

Tipp: *http://www.kids.polizei-beratung.de/index.html*

Wir gehören zusammen

Zum Thema Individualität und Gruppe entwickeln die Kinder gemeinsam ein Logo und ein leeres Namensschildchen, das jedes Kind anschließend mit seinem Namen beschriften darf. Diese Übung dient der Klärung der Fragen: Woher komme ich, was kennzeichnet mich, wo sind meine Bezugspersonen? Nach dieser persönlichen Standortbestimmung können sich die Kinder hinaus in die Welt begeben.

Hier sind wir zu Hause

Machen Sie den Kindern anhand eines Globusses deutlich, dass ihre Heimatstadt ein Teil der Erdkugel ist und über das Internet mit (fast) allen Orten der Erde verbunden ist. Eine greifbare Vorstellung, wie das WWW unsere Erde umspannt, erhalten die Kindern, wenn sie ein Netz um den gesamten Globus schlingen (siehe Seite 56 oben). Eine Stadterkundung im direkten Umfeld macht im Vergleich dazu fühlbar, welche Bewegungsspielräume und Erfahrungsmöglichkeiten das reale Leben bietet.

Wie sehen wir aus?

Die Kinder bilden kleine Gruppen und setzen ihre Erfahrungen mit dem Thema »Ich und meine Stadt« in Bildern um. Sie fotografieren sich gegenseitig mit einer Digitalkamera. Diese werden am Computer gezeigt und besprochen. Wie wirken sie? Wie haben sich die Kinder aufgenommen? Welche Fotos gefallen ihnen am besten? Was möchten sie mit einem Bildprogramm ein wenig verändern? Die fertigen Bilder werden dann sorgfältig in Ordnern abgelegt, damit die Kinder sie später wiederfinden. Falls ein Drucker zur Verfügung steht, werden sie auch ausgedruckt und an einer Themenwand aufgehängt.

Wie sieht unsere Umgebung aus?

Der zweite Arbeitsauftrag lautet »Fotografiere Menschen und Dinge, die dir wichtig sind«. Auch diese Bilder besprechen die Kinder wieder gemeinsam. Es wird eine erstaunliche Vielfalt sein, die sie vom Lieblingsbuch bis zur Lego-Ecke präsentieren – die Bindung an einen Ort ist häufig über kleinste Details gegeben. Ermutigen Sie die Kinder, die Geschichten zu ihren Bildern am Computer aufzuschreiben.

Wir lernen uns kennen

Jetzt haben die Kinder schon erste Ergebnisse, die sie den anderen Kindern voller Stolz per E-Mail schicken können. Selbstverständlich werden die Bilder und Texte, die sie als Antwort erhalten, gemeinsam besprochen: Wie heißen die anderen Kinder? Was sind wohl deren Lieblingsbeschäftigungen? Was zeigen ihre Bilder?
Nachdem sich die Kinder auf diesem Wege kennen gelernt haben, wollen sie sich bestimmt auch gegenseitig ihre weitere Umgebung vorstellen. Welche Dinge lieben sie in ihrem Ort? Was stört sie? Was tun sie gerne, wohin gehen sie am liebsten? Gehen sie gerne in die Bücherei, ins Schwimmbad oder auf den Sportplatz? Wie würden die Kinder eine Werbung von ihrer Stadt verfassen?

Jetzt geht's los, wir chatten!

Über den MSN-Messenger, der im Windows-Paket enthalten ist, können Sie unproblematisch einen Chat aufbauen. Verabreden Sie mit der Partnereinrichtung einen Termin, an dem sich die Kinder in kleinen Gruppen vor dem Bildschirm treffen und miteinander kommunizieren. Über die Tastatur geben sie ihre Gesprächsbausteine ein – das werden viele »Ähs« und »Öhs«, Abkürzungen und Emoticons (siehe Seite 62) sein. Besprechen Sie mit den Kindern, ob ihre Mitteilungen verständlich sind. Dabei werden Sie feststellen, dass der Sprachstil beim Chatten nicht den Regeln der realen Welt entspricht. Lassen Sie trotzdem ruhig zu, dass die Kinder ihre eigene Art und Weise des Austausches entwickeln.

Echte und virtuelle Briefe

Zur Verdeutlichung der verschiedenen Möglichkeiten der Kommunikation schreiben die Kinder nun Briefe (oder einen gemeinsamen Brief), die sie ihren neuen Freunden per Post schicken. Lassen Sie die Kinder möglichst selbstständig arbeiten. Was kostet eine Briefmarke? An welche Stelle müssen die Kinder sie kleben? Wie wird ein Brief richtig adressiert? Thematisieren Sie bei dieser Gelegenheit auch die Unterschiede zwischen der realen und der virtuellen Post – der E-Mail oder Elektronischen Post. Wie sieht die E-Mail-Adresse der Kinder aus? Wissen sie, woher sie diese haben?
Vielleicht haben Sie und Ihre Partnereinrichtung auch eine Homepage. Falls ja, können sich die Kinder in der virtuellen Welt gegenseitig besuchen und vorstellen. Wieso heißt die Homepage wohl »Home«-Page? Zuhause, das ist doch der Ort, an dem die Familie lebt oder nicht?

Der Projektabschluss

Das Projekt geht nun dem Ende zu. Oder haben sich so gute Freundschaften entwickelt, dass die Kinder sich nun einmal in der realen Welt besuchen möchten? Auch in diesem Fall sollten Sie einen formellen Abschluss wählen, der noch einmal das Thema »Verständigung« in den Vordergrund stellt. Bereiten Sie mit den Kindern eine kleine Ausstellung vor, um ihre innovative Projektarbeit zu präsentieren. Laden Sie zu dieser Vernissage auch die Eltern, Vertreter anderer Einrichtungen und die örtliche Presse ein. Damit machen Sie letztlich auch Ihre Einrichtung und die Kinder im alltäglichen Leben der Gemeinde / der Stadt sichtbar.

Adressen

Hintergrundinfos

Gesellschaft für Medienpädagogik und Kommunikationskultur – GMK

Körnerstraße 3
www.gmk-net.de/gmk.htm

Die GMK ist ein bundesweiter Zusammenschluss von Fachleuten aus den Bereichen Bildung, Kultur und Medien.

Jugend ans Netz

www.jugend.info

Initiative der Bundesregierung in Kooperation mit Partnern, um die Chancengleichheit von Kindern und Jugendlichen in Bildung und Medienkompetenz zu verbessern.

Deutsche Post / Philatelie

www.philatelie.deutschepost.de/ philatelie/

Möglichkeiten, die Geschichte der Briefpost und Telekommunikation zu recherchieren und sich aktuelle Briefmarken im Bild genauer anzuschauen.

Eine Welt Internet Konferenz (EWIK)

www.eine-welt-netz.de/

Zusammenschluss von Organisationen und Institutionen zur Entwicklung von globalen Informations- und Bildungsangeboten im deutschsprachigen Raum. Über den Partnerservice können geeignete Partner für ein Kommunikationsprojekt gesucht werden.

Museumsstiftung Post und Telekommunikation

Robert-Schuman-Platz 3
53175 Bonn
Tel. 0228 /185 111
www.museumsstiftung.de

In den angeschlossenen Museen (Berlin, Frankfurt am Main, Hamburg, Nürnberg) gibt es viele nützliche Infos, Materialien und Bilder sowie Kataloge und Hefte als Anregungen und Materialienpool für diese PeP-Mappe.

Adressen von Museen

Deutsches Museum München Kinderreich

Museumsinsel 1
80538 München
Tel. 089 /2179-411
www.deutsches-museum.de

MachMitMuseum miraculum

Osterstraße 6b
26603 Aurich
Tel. 04941 /18 00 89
www.miraculum-aurich.de/interaktiv/machmit-museum.htm

MACHmit! Museum für Kinder

Senefelder Str. 5
10437 Berlin
Tel. 030 /747 782 00
www.machmitmuseum.de

ATLANTIS Kindermuseum

Philosophenweg 23-25
47051 Duisburg
Tel. 0203 /44 99 00
www.atlantis-kindermuseum.de

Heinz Nixdorf MuseumsForum

Fürstenallee 7
33102 Paderborn
Tel. 05251 /30 66-00
www.hnf.de

Museum für Kommunikation

Lessingstraße 6
90443 Nürnberg
Tel. 0911 /230 88 0
www.museumsstiftung.de

Landesmuseum für Technik und Arbeit

Museumsstraße 1
68165 Mannheim
Tel. 0621 /4298-9
www.landesmuseum-mannheim.de

Klick! Kindermuseum Hamburg

Achtern Born 127
22549 Hamburg
Tel. 040 /410 99 777
www.kindermuseum-hamburg.de

Kindermuseum

Schaufenster Schule & Kinderkunst e.V.
Beyeröhde 1
42389 Wuppertal (Langerfeld)
Tel. 0202 /60 52 78
www.bergisches-staedtedreieck.de/kindermuseum/welcome.html

Museum für Post und Telekommunikation

Schaumainkai 53
60596 Frankfurt
Tel. 069 /60 60 0
www.magisch-reisen.de/postmus1.htm

Internet-Seiten für Kinder

www.seitenstark.de

Arbeitsgemeinschaft renommierter deutschsprachiger Internetseiten für Kinder.

www.blinde-kuh.de

Gefördert vom Bundesministerium für Familie, Senioren, Frauen und Jugend.

www.geo.de/GEOlino/

Kinderseiten von GEO.

www.kindernetz.de

Internetangebot für Kinder vom Südwest Rundfunk (SWR).

www.helles-koepfchen.de

Such- und Nachrichtenmaschine empfohlen von »Schulen-ans-Netz«.

www.benjaminbluemchen.de

Von kiddinx, empfohlen ab 5 Jahre.

www.bibi-blocksberg.de

Von kiddinx, empfohlen ab 5 Jahre.

www.kidnetting.de

Medienpädagogisches Angebot, bei dem Kinder die Hauptakteure sind.

www.multikids.de

Links zu Kinderseiten, sehr anschaulich für kleine Kinder.

www.internet-abc.de

Internet-ABC für Kinder und Eltern.

www.polizei.propk.de/kids/

Interaktiver Lernspielplatz der Polizei rund um das Thema »Internet«.

www.kidsville.de

Stadt für Kinder im Internet, um die Medien- und Internetkompetenz zu steigern.

www.wdrmaus.de

Internetauftritt der Sendung mit der Maus.

www.antolin.de

Literatur- und Lesetipps für Kinder.

Links zu Radiosendungen für Kinder

www.kindernetz.de

Themenspezifische Kinderseiten beim SWR. Hörabenteuer aus dem Dschungel, Geschichten über Pinguine und vieles mehr.

www.hr-online.de/hf/hr1/sendungen/maxmusik/index.html
www.hr-online.de/hf/hr2/domino

Angebote vom Hessischen Rundfunk bei HR 1 und HR 2.

www.mdr.de/kinderwelt/

MDR, Krims Krams Kraxel, Radio für kleine, große und ganz große Kinder.

www.ndr4/kinder/mikado
www.ndr4.de/kinderhoerspiel/

NDR 4, Kinderhörspiel, Spaß und Spannung im Radio.

www.antennebrandenburg.de/_programm/zappelduster/start_jsp.html

ORB, Antenne Brandenburg, Zappelduster. Die Sendung mit dem Geräusch.

www.ohrenbaer.de

Spannende Geschichten für Kinder beim SFB.

www.sr-online.de/KinderKlick/

Saarländischer Rundfunk, Kinderklick, mit Zettel, Zinnober und Romana.

www.br-kinderinsel.de

Der Radio-Treffpunkt für Kinder im Bayrischen Rundfunk.

www.dradio.de/dlr/sendungen/kakadu/index.html

Kakadu beim DeutschlandRadio geht sofort ins Ohr.

Medien

Fachbücher

Jean A. Ayres.:
Bausteine der kindlichen Entwicklung.
Springer, 2002.
Ein Buch für Eltern und Erzieher, um einen detaillierten und verständlichen Einblick in die Hintergründe der kindlichen Entwicklungsaufgaben zu ermöglichen, mit denen sie regelmäßig konfrontiert sind und denen viele ratlos gegenüberstehen.

Ria Proske:
Krieg und Frieden. Ausgewählte Kinder- und Jugendbücher.
Kommentiertes Verzeichnis.
13. aktualisierte Auflage, Köln 2003. Bezug über R. Proske (ria.proske@surfeu.de)

Bilderbücher

Jutta Bauer:
Die Königin der Farben.
Beltz & Gelberg 1998/2004.
Eine spannende Geschichte über Farben, die ihre eigene Persönlichkeit haben, sich streiten und zu Grau werden. Königin Malwida, bekämpft das Grau mit Weinen und wird mit Farben belohnt, die sich (wieder) verstehen. Eine Einladung für kleine Kinder zum Selbermalen!

Pija Lindebaum:
Café Schwuppdiwupp.
Gabriel Verlag, 1999.
Eine schöne Geschichte über das Ärgern und Lieb-Sein: Eine Hexe und ihr Kind lernen lieb zu sein, um nicht allein zu sein.

Gina Ruck-Pauquèt, Ulrike Baier:
Das Vier-Farben-Land.
Velber im OZ Verlag, 2001.
Geschichte über den Umgang mit dem Fremden und über Verständigung. (Ab 4 Jahren)

Sachbücher

Simon Adams:
Geheimcodes und andere verschlüsselte Botschaften – Von den Hieroglyphen zu den Hackern.
Dorling Kindersley Verlag, 2002.
Für Kinder ab 8 Jahren enthält dieses Buch viele Informationen, ohne dabei zu sehr in die Tiefe zu gehen. Sehr interessant ist auch der Teil »Eigene Codes« mit vielen Tipps für eine eigene Geheimsprache oder -schrift.

Wendy Baker, Andrew Haslam:
Klänge, Töne und Geräusche.
ars edition, 1993.

Marie Bertherat:
Geheimbotschaften: Codes, Morsezeichen, Signale.
Ensslin im Arena Verlag, 2002.
Neben Geheimschriften werden in diesem Buch auch Codes vorgestellt, die nur aus Lauten oder Gesten bestehen.

Ralph Caspers:
Wissen macht Ah! Klugscheißen mit Shari und Ralph.
Ullstein Verlag (Buch zur Fernseh-Wissenssendung im KiKa), 2004.
Viele Experimente und Erklärungen von alltäglichen Besonderheiten und besonderen Alltäglichkeiten, wunderbar augenzwinkernd beschrieben. (Ab 8 Jahren)

Astrid Hille, Dina Schäfer:
Was mein Körper alles kann.
Velber, 2004.
Anschaulich werden der menschliche Körper und seine Sinne erklärt. Mit Bastelanleitungen und kleinen Geschichten. (Ab 4 Jahren)

Hartmut E. Höfele:
In 80 Tönen um die Welt.
Ökotopia Verlag, 2000.
Spiel- und Praxisbuch, das zu jedem Kontinent unserer Erde ausgewählte Kinderlieder, themenbezogene Bastelanleitungen sowie pfiffige Spielideen rund um die Musik bietet.

Eva Kesseler:
Lernwerkstatt Verkehrserziehung.
BvK Buchverlag Kempen, 2002.
Abwechslungsreiche Aufgaben vermitteln das richtige Verhalten im Straßenverkehr, die Verkehrszeichen und die wichtigsten Verkehrsregeln. Auch die Fahrradprüfung wird vorbereitet. (Ab 6 Jahren)

Rainer Köthe:
Der Urmensch.
Band 6 aus der Reihe »WAS IST WAS«. Tessloff, 2003.
Ausführliche Informationen zu unseren Vorfahren. (Ab 8 Jahren)

Krekeler, Hermann:
Experimente für alle Sinne: Sehen – Hören – Riechen – Schmecken – Tasten – Körperwahrnehmung.
Ravensburger, 2004.
Experimente, die leicht nachgemacht werden können. Sehr übersichtlich gegliedert und gut nachvollziehbar. (Ab 5 Jahren)

Susi Reichle-Ernst, Ulrike Meyerholz, B. Sippel:
Kleine Clowns und Grosse Töne – Kinder zaubern Zirkusluft.
Buch mit CD. Zytglogge-Verlag, 2002.

In Zusammenarbeit mit UNICEF:
Kinder dieser Welt.
Dorling Kindersley Verlag, 2003. Viele Bilder und Texte erläutern, wie Kinder in anderen Ländern leben. Dabei wird auch auf die Kinderrechte eingegangen.

Angela Weinhold:
Bei den Indianern.
Ravensburger, 2002.
Hier wird veranschaulicht, wie die Indianer gelebt und kommuniziert haben. Ein Buch mit Klappen, die zum Nachschauen anregen. Für Kinder von 3 bis 6 Jahren.

Angela Weinhold:
Der Wald
Ravensburger. 2004.
Dieses Buch gibt Einblicke in den Wald, altersgerecht aufbereitet. Die Kinder können unter die Klappen schauen und sehen, was unter der Oberfläche ist. Die Vielfalt des Lebens im Wald zwischen zwei Buchdeckeln! (Ab 3 Jahren)

Alexander Wilhelm, Wolfgang Metzger:
Alles über den Computer und das Internet.
Aus der Reihe »Wieso? Weshalb? Warum?«, Ravensburger, 2002. Computer und Internet sehr anschaulich erklärt mit vielen Aufklappbildern. (Ab 5 Jahren)

Erik Zimen:
Wölfe.
Band 104 aus der Reihe »WAS IST WAS«, Tessloff, 2003.
Dieser Band beschreibt wie die Wölfe sich verständigen und räumt mit Vorurteilen auf.

CDs und Internet-Tipps zum Trommeln

Yoruba Drums from Benin, West Africa.
Tribal Chants, Drums & Songs of Africa.

Tonbeispiel für Talking Drum.
http://www.si.umich.edu/chico/instrument/pages/tlkdrum_gnrl.html

The Shamanic Drum Audio Book.
CD (2 CD Set).

The Nigerian Talking Drum Ensemble.
www.nitade.com

PeP
Projekte mit Kindern

Autorin dieser Mappe
Jutta Eichhorn, Hilden
Mitarb. Sabine Drasnin

Außenredaktion
Cornelia Schönfeld, Freiburg

Illustrationen
Dunja Schnabel, Hamburg

Gestaltung und Satz
Hella Design, Emmendingen
helladesign@web.de

Reihenkonzept und Layout
Grafik-Design Schneider & Schneider-Reckels, Wiesbaden
schneider-reckels@t-online.de

Druck
fgb • Freiburger Graphische Betriebe 2005
www.fgb.de

Papier
Gedruckt auf umweltfreundlichem, chlorfrei gebleichtem Papier

Verlag Herder
Lektorat Pädagogik, Axel Wolber
Hermann-Herder-Straße 4
79104 Freiburg
Telefon 0761/2717-320
wolber@herder.de

Anmerkung des Verlages
Wir danken den Verlagen und Rechteinhabern für die Abdruckgenehmigungen. Bei einigen Texten war es trotz gründlicher Recherchen nicht möglich, die Inhaber der Rechte ausfindig zu machen. Honoraransprüche bleiben bestehen.

Erscheinungsweise
jährlich 4 Ausgaben

Bezugspreise
Abonnement € 15,00 je Ausgabe
Einzelheft € 16,50 je Ausgabe
Preise zzgl. Versandkosten

Bestellungen
Verlag Herder
Frau Catrin Tinn
79080 Freiburg
Telefon 0761/2717–474
Fax 0761/2717–249
kundenservice@herder.de

ISSN 1436-5383
ISBN 3-451-73048-0

Kennen Sie schon die anderen PeP-Mappen nach dem neuen Konzept?

Feen, Zwerge, Märchenwelt
80 Seiten, Ringordner
ISBN 3-451-73049-9

Burgen, Ritter, Edelfrauen
80 Seiten, Ringordner
ISBN 3-451-73047-2

In Wald und Wiese
80 Seiten, Ringordner
ISBN 3-451-73046-4

Leben in der Nacht
80 Seiten, Ringordner
ISBN 3-451-73044-8

Bald schon ist Weihnachten
80 Seiten, Ringordner
ISBN 3-451-73045-6

Drachen und Dinosaurier
80 Seiten, Ringordner
ISBN 3-451-73043-X

Erhältlich in Ihrer Buchhandlung, oder bei:
D+A: kindergarten Fachversand, Sonja Bergmann, Postfach 674, D-79006 Freiburg, **CH:** HERDER AG Basel, Postfach, CH-4133 Pratteln 1

Ebenfalls noch lieferbar:

die „alten“ PeP-Mappen!

Zirkuszelt und Zirkuswelt
64 Seiten, Ringordner
ISBN 3-451-73035-9

Ich fühl mich wohl in meinem Körper
64 Seiten, Ringordner
ISBN 3-451-73037-5

Leben mit Tieren
64 Seiten, Ringordner
ISBN 3-451-73038-3

Rund ums Bilderbuch
64 Seiten, Ringordner
ISBN 3-451-73039-1

Bei den Indianern
64 Seiten, Ringordner
ISBN 3-451-73041-3

Im Dschungel ist was los
64 Seiten, Ringordner
ISBN 3-451-73042-1

Im Reich der Elfen und Trolle
64 Seiten, Ringordner
ISBN 3-451-73034-0

Alle Farben dieser Welt
64 Seiten, Ringordner
ISBN 3-451-73040-5

Faszinierende Wasserwelten
64 Seiten, Ringordner
ISBN 3-451-73032-4

Herbst und Halloween
64 Seiten, Ringordner
ISBN 3-451-73028-6

Entdecke den Weltraum
64 Seiten, Ringordner
ISBN 3-451-73025-1

Unser Wetter
64 Seiten, Ringordner
ISBN 3-451-73036-7

Rund um den Garten
64 Seiten, Ringordner
ISBN 3-451-73031-6

Leben im Wilden Westen
64 Seiten, Ringordner
ISBN 3-451-73033-2

Bei den Indianern
64 Seiten, Ringordner
ISBN 3-451-73041-3

Kleine Piraten auf großer Fahrt
64 Seiten, Ringordner
ISBN 3-451-73019-7

Kräutertrank und Hexenbesen
64 Seiten, Ringordner
ISBN 3-451-73020-0

Spannende Berufswelt
64 Seiten, Ringordner
ISBN 3-451-73023-5

Gespenster gruseln durch die Gänge
64 Seiten, Ringordner
ISBN 3-451-73016-2

So leben wir gesund und munter
64 Seiten, Ringordner
ISBN 3-451-73027-8

Erhältlich in Ihrer Buchhandlung, oder bei:
D+A: kindergarten Fachversand, Sonja Bergmann, Postfach 674, D-79006 Freiburg, **CH:** HERDER AG Basel, Postfach, CH-4133 Pratteln 1